总策划：娄底职业技术学院

东方的曙光

——陈润霖与楚怡工业学校

袁杰伟 著

湘潭大学出版社
XIANGTAN UNIVERSITY PRESS

图书在版编目（CIP）数据

东方的曙光 ：陈润霖与楚怡工业学校 / 袁杰伟著
. -- 湘潭 ：湘潭大学出版社，2023.10
ISBN 978-7-5687-1213-2

Ⅰ. ①东… Ⅱ. ①袁… Ⅲ. ①陈润霖－生平事迹②楚怡工业学校－校史 Ⅳ. ①K826.16 ②G719.29

中国国家版本馆 CIP 数据核字（2023）第 158114 号

东方的曙光——陈润霖与楚怡工业学校
DONGFANG DE SHUGUANG —— CHEN RUNLIN YU CHUYI GONGYE XUEXIAO
袁杰伟 著

责任编辑：李志红
总 策 划：娄底职业技术学院
封面设计：李　平
封面配图：曾利仁
出版发行：湘潭大学出版社
社　　址：湖南省湘潭大学工程训练大楼
电　　话：0731-58298960 0731-58298966（传真）
邮　　编：411105
网　　址：http://press.xtu.edu.cn/
印　　刷：三河市中晟雅豪印务有限公司
经　　销：湖南省新华书店
开　　本：710 mm×1000 mm 1/16
印　　张：14.5
字　　数：208 千字
印　　数：1-20000
版　　次：2023 年 10 月第 1 版
印　　次：2023 年 10 月第 1 次印刷
书　　号：ISBN 978-7-5687-1213-2
定　　价：62.00 元

职业教育敲铃人的“磨血”心史

（代序）

刘长华

新化人的辨识度极高，这种看得见的存在似乎由来已久，纵使时间河流奔涌翻滚，纵使现代化思潮大浪淘沙。这并不是说新化人就一以贯之地向隅自守，置身化外。事实上，大量的史例表明，近一两百年来，他们跻身世界、融入世界的欲求比周遭邻人都强都甚。抑或这也是梅山文化其中一大悖论或者说奥妙之所在。无法想象，就在“黄帝杀蚩尤于黎山之上”这么一个“蛮峒”之区，于清末，他们就有一百多号人东渡扶桑，以求得书剑两成，以浴火的方式去完成个体和民族的新生。为世人熟知的陈天华就是其中的佼佼者，他先是警钟华夏，狮吼黔黎回头，之后以身殉志，气壮山河。

与陈天华同被谓为清末“新化三杰”之一的陈润霖，在兴办私学和推动中国地方初级教育的现代化，特别是在职业教育的建设上，其心之丹，其意之诚，其志之坚，其为之韧，其脉之远，无疑是一方值得后人大加开掘、用力深耕的精神沃土。陈润霖所塑造的“楚怡精神”理应是响彻三湘职教校园上空分贝最大的音符之一。

时至今日，科举取士的观念虽然已经被国人完全扫入历史垃圾堆，但饶有意思的是，实用思维根深蒂固的广大百姓却对职业教育一直抱着“迫不得已”“退而求其次”的态度。人类文明之花的盛妍怒绽固然是以思辨性、理论性为土壤，但实践性、操作性、运用性从来都可当仁不让地冠以浇灌之功。技术的发展在当下日新月异、一日千里，职业教育若不能与之比翼齐飞，整体社会的进步就可能事倍功半、踬踣不堪。放眼德欧，在大型工矿制造业、精密仪器研发等方面依然一路高歌的他们莫不如此。袁杰伟先生的《东方的曙光——陈润霖与楚怡工业学校》来得正当其时，要让先知者们曾经的一腔热血为时代所铭记、所弘扬、所激荡。

袁杰伟先生也是新化人，新化人写新化人自有天然的优势。通过与杰伟先生的几次有限接触和他微信朋友圈所“晾晒”出的一些文化、文学活动来看，他也是表现出鲜明的梅山后裔之个性与禀性。《东方的曙光——陈润霖与楚怡工业学校》一书与他在某种意义上是有“会心”的意味。多年来，中文专业出身的他在报纸杂志的采编业务上是不断砥砺自我，披荆斩棘。与之同时，他夙兴夜寐，笔耕不辍，写下过不少报章体作品，也练就了在报告文学写作上的过硬本领，找到了适合他自己文学才华绽放的方式，动辄下笔就是一部几十万字的作品，《随园流韵——袁枚传》《毛板船》《梅山红》等都相继收获了良好的社会反响。三尺讲台是他的安身立命之所，也是割舍不断的情愫，他深味投身教育的个中三昧。他担任娄底市民间文艺家协会主席，在地方史和相关风土资料的收集上是付出过相当的时间与精力的。毋庸置疑，这些都为他伏案写作《东方的曙光——陈润霖与楚怡工业学校》奠定了扎实的基础和各种前置性的准备。

正如挚友胡元倓所提出“磨血育人”的办学精神，陈润霖正也是以与之“互文”的方式响应者、践行着这样的人生矢志。《东方的曙光——陈润霖与楚怡工业学校》就是一部职业教育敲铃人的“磨血”心史。总体看来，该著史料翔实，文笔简练，脉络清晰，主题鲜明，形象鲜活。作品的字里行间饱蘸着作者的炽热感情，是在传达，也是呼吁。确乎我们应该知道新化出来个了不起的陈润霖，更应该记住一种叫“楚怡”的职教精神血脉需要赓续。《东方的曙光——陈润霖与楚怡工业学校》在雕琢陈润霖的“磨血”形象方面主要凸显在以下三点：

第一，纯粹的办学理想。革命风起云涌的时代，是造就英雄的时代。陈润霖自小受到过家人“学优则仕”的思想熏陶，但是在他乡就掷地有声地立心明志：“归国后不愿为官，愿以兴办教育为己任。”为了筹资兴学，他典卖过地产和家业，自己过着较为简朴的生活。为学生的前途计，积极主动地减免贫困学生的学费。为了争取更好的办学条件和更多的办学经费，他不惜拉下脸面去向官方“化缘”……在育人的这本“正经”上，陈润霖可谓心无旁骛，兀兀穷年。这就不类当下，许多民办职校就是以营利为直接和根本目的，相关的校长多出自其他行当，根本不曾谙习育人的真正价值和高层次目的，更遑论懂晓教育科学。

第二，“艰难困苦，玉汝于成”的办学意志。“风雨如晦，鸡鸣不已”，后人多以形容中国近现代的生存语境。作品中写道陈润霖在清政府摇摇欲坠的时候，选择从事教育事业，与之同时初出夔门，其时他本人又没有多少社会声望、社会资源、社会阅历，这行为本身多少就有点悲壮之感。所以，他的办学和人生的第一站是在常德，就有寄人篱下和“借壳生蛋”的味道。但正是这样的“艰苦”，让他明白到了教育的乐趣，收获到了办学的经验。抗日战争爆发后，长沙被炮炸、被火烧得遍体鳞伤，楚怡工业学校已经无以立足。陈润霖又是举校搬迁到穷乡僻壤的新化老家。在某种意义上这可谓是重起炉灶，再辟新天地。条件再差、生活再苦，都不曾动摇陈润霖的办学信仰、办学意志。作品用了大量的细节和令人感慨的情节，描述了当时的办学之苦。“吃得苦，霸得蛮”的新化人的性格活灵活现。

第三，注重内涵的办学态度。教育的目的是育人。职业教育看似就是培养出一批所谓“有用”的人，在“动手”能力方面能“高人一等”，但是其中应潜含着一个逻辑——“动手”能力强并不等于“心”“脑”就欠发达，人非流水线上的机器。《东方的曙光——陈润霖与楚怡工业学校》在后面部分用了相当多的篇幅叙述了毕业生们的人生简历，“芸芸众生”济济一“书”，有档案文书之嫌。但以我观之，这恰恰是创意。一方面这些毕业生除了个别现象外，总体上没有如何声名显赫、如何叱诧风云，“竞得”和“尽得”名利场上的“风流”，另一方面他们又是实实在在为时代、为历史贡献出了自己所有的聪明才智，是中国现代工业文明建设这台大机器上的一颗颗“螺丝钉”。这样的人才就是中国的脊梁，他们在人生向度上是双线、周全、健康的。他们平凡又伟大的人生业绩需要也应该被后人所识记，历史非为“帝王将相”的“起居录”。当然，这也是楚怡工业学校馈赠给历史的一笔珍贵财富——真正有内涵的办学态度。

历史悠悠，万物皆为过客。但我们有理由深信，历史会记住这个叫陈润霖的新化人，更会记住一种叫楚怡的职教精神。《东方的曙光——陈润霖与楚怡工业学校》在谱写、在呈现……

（作者系著名评论家，湖南大学教授、博士生导师）

C 目录
ONTENTS

第一章 少有学名

一

新化属于梅山地区。

而梅山是一座什么山呢？

相传，很久以前，在新化、安化交界处有一座山，山上没有草木。一天晚上，忽然有一梅枝插在山上一块巨大的石头上，后来梅枝长得枝繁叶茂，树上花开朵朵、果实累累。过了很多年，这棵梅树枯萎了，树根树干都被风化了，但梅树的影子还在石头上，人们认为这是仙迹，于是把这座山叫作梅山。时间一久，人们也不知这棵神奇的梅树到底是在哪一座山上了，于是把附近所有的山都称作梅山。“梅山”所跨的地域也就越来越广，以致“其地千里”。但新化、安化就成了梅山的核心地区。据考证，宋以后的《食货志·物产·果之类》载，新化、安化一带有 19 种果类树，而以梅树的数量居首。可见，梅山原是产梅之山。

今天人们所说的梅山并不是一座具体的山，而是宋代地理学界对今属湖南省中部和西南部一些山地的统称。

既然是统称，为何又有上梅、下梅之称呢？

其实，这是变了一个视角，不是鸟瞰，而是以资水为参照而称的。当时梅山地区人口不多，是以峒的形式聚居。共有十峒，资江流经新化，相比安化，新化属于上游，所以叫上峒梅山，简称上梅。安化是资江下游，属于下峒梅山，简称下梅。

新化这个县名的意思，就是王化之新地。安化，取归安德化之义。两县都是1072年同年立县。可见在此之前的中华几千年文明史上，梅山地区是相对独立、不服王权的。或者说，是“蛮荒”之地，没有经过文明的改造。

新化县有一户陈姓人家，男子叫陈兴穆，在康熙年间三藩之乱时，由于新化受战乱影响，民生凋敝，他只好让长子去“湖广填四川”另谋生路，让妻子蔡夫人带着幼儿改嫁，自己带着未成年的次子来到现在的新化县青石街地段。当时的新化县城很小，都在东西南北四扇门之内，而青石街地段属南门之外，当时还是一片荒凉之地，但因靠近县城，还是有些生机，当然也就有些商机。

可见，陈兴穆还是很有发展眼光的。

陈兴穆在这个路段搭了一个茅棚，开土荒，卖苦力，却不忘教孩子识字和一些朴素的做人的道理。

乾隆年间，天下相对太平，但那时城门关得早，晚到的客人进不了城。就有人来陈家的茅棚借宿，陈家的茅棚慢慢成了鸡毛小店。

到了陈绍昌当家的时候，有一次天还没亮，一位借宿的客人就起床了，跟陈绍昌打了个招呼：“店家，我还有急事，先走了！”陈绍昌便要起床相送，客人说：“店家，您不必客气，您睡，太打扰了我会不安的。”陈绍昌本来有早起的习惯，哪里还睡得着？但碍于客人的好意，只好继续装睡一会儿。

客人走后不久，他便起床做事。忽然，他在客人睡的铺位旁边发现了一个袋子，提起来一看，哇，是满满一袋银子，有几十斤重。

陈绍昌心里“咯噔”了一下，心想，带这么多钱，肯定是做一桩大买卖，人起得那么早，事情一定很急。

陈绍昌于是拔腿就追，追到河边，客人已经搭渡船渡过资江了。等坐下一趟渡船显然是追不上的，陈绍昌急中生智，租了一条小船过河，眼看着那只渡船先靠了岸，大声喊也喊不应。

“快点！快点！”

陈绍昌催道。

小船像箭一样向前冲，很快就横过了河。一上岸，陈绍昌扯起脚巴子跑，跑得汗爬水流、气喘吁吁。

“客官！客官！”

客人听到店家在叫他，回头一看，只见店主手中提着他落下的袋子，顿时啥都明白了，赶紧跑回相迎。

客人没有先去接袋子，而是抱着陈绍昌大哭道：“店家，你是好人啊！我这钱是拿去救命的，你这是救了我一命啦！”

“客官，您保重！”

陈绍昌与客人道别后，赶上下一趟渡船回家了。

十来天后，那客人提着一袋银子特意来到鸡毛小店。陈绍昌大惊，问：“老乡，人救到了？”

客人说：“托您的福，救到了，我这是特意来感谢您的。”

陈绍昌坚拒道：“老乡，这使不得，使不得，这会亏了你钱财，污了我清名啊！”

客人听到“污了我清名”一句，便不再坚持，不住地唏嘘而去。不久，客人在还金处立碑志谢。

这事顿时传得很远。

县衙也知道了。县令觉得要把这事广为宣传，以正社会风气。便在立碑处盖亭以示表彰，命名为还金亭。

陈绍昌于是“一举成名”新化知。

一个毛板船大盐商看中了陈氏小店诚信，便请陈绍昌代理新化盐务。新化历史上吃盐难，朝廷只允许新化吃广盐，广盐是衙门专运的，从广东翻高山用人工挑来，成本高价格更高，一般人根本吃不起。后来朝廷准许新化吃淮盐，冬天水暖，淮盐从资江船运上来，成本低了很多，价格也就便宜多了。生意相当火爆。陈家代理新化盐生意，当然必定发财。

发家后的陈绍昌将鸡毛小店改建成了“老屋陈家”（“老屋陈家”就是今天新化县总工会所在院子，大院前还有“陈家大院”的牌子）大院，命名为“三味堂”。

陈绍昌立下了“三味”家训：

立身行己要有诗书味
和睦宗族要有家常味
处世接物要有人情味

陈家的“三味”家训是从立身处世、待人接物、宗族团结方面出发的，与鲁迅就读的“三味书屋”颇有不同，鲁迅的“三味书屋”是前人对读书感受的一种比喻：“读经味如稻粱，读史味如肴馔，读诸子百家味如醯醢。”三种体验合称为“三味”。

作为家训，陈家“三味”注重的是树人、修身。

陈绍昌在晚年主持分家，将“三味堂”分给了次子陈迪谟，拨款给长子修了高头陈家院子“仁义堂”。

陈迪谟生了十个儿子。老三陈今柄（字国卿）抓住当时全国的读书人渴望了解西方的时机，开办了一个书局，专门印刷介绍西方新知识的书籍，把书局取名为“三味堂”书局。由于印刷质量好，发行很快，不久就成为书局行业的知名品牌，所印书籍风行一时。十余年间，新化陈氏三味堂刻本在百种以上，为当时唯一能与官书局相提并论的私人书坊。所刻书的种类多，版刻精，校勘尤精，在湖南刻书史上占有极为重要的地位。老四陈今纬，在郭嵩焘手下任过幕僚。十兄弟都爱读书，热心教育。他们举办私塾，在教传统的四书五经之外，还教点实用的谋生的知识。

光绪五年（1879），陈润霖就出生在这样一个有着良好文化传承的家庭。陈润霖小名叫福宝。三岁时，他就在陈氏家塾听《三字经》《千字文》《神童诗》《鉴略》等“童子之学”。陈氏家塾还教生活、生产常识，这是别的私塾所没有的。

陈润霖六岁那年，新化有了邮传递铺。陈润霖能写信，他经常给别人代写简单的书信，最受婶婶们欢迎。毕竟那时文盲太多，女子读书的更少。刚满十一岁，他已经学完了家塾应该学的全部课程，而且各科成绩优异。

光绪十五年（1889），陈润霖的父亲陈今佐在省城应秋闱乡试，中了副榜，成了副贡，取得了做官的资格。可惜在考场上落下病根，没能进京朝考当官就去世了，年方三十六岁。这一年陈润霖才十一岁。家里靠十三岁的哥哥陈济衷撑起店里的小生意，母亲邹翠英继续教大院里的女孩们女工。叔伯们都不想让陈润霖再考科举，认为科举折磨人，陈润霖的父亲就是应科举考试丢了性命的。可是陈润霖是块读书的材料，不读书又太可惜。陈家的人为此很是纠结。

幼年的这段经历，在他的思想土壤里埋下了厌弃科举、开办新式学校的根。

二

光绪十八年（1892）春天，由陈润霖的叔伯们举办的资江书院正式开学。由于资江书院不以科举考试为主要目的，人们不理解，所以生员不广。学生也是动员来的，开学时只有二十余人。陈润霖十一岁丧父后，家里经济拮据，但他母亲还是想方设法送他读书。伯父陈今柄资助他，十三岁的陈润霖成为资江书院的学生之一。

在资江书院就读的，还有杨源浚和陈天华。资江书院山长邹苏柏经常把写得好的文章贴在檐廊上给学生们观摩，最受欢迎、最受关注、最受议论的文章就是陈润霖、杨源浚和陈天华的文章，满城都在传抄。他们三人被时人称为“新化三杰”。

陈润霖在叔伯们的主导下，于十九岁那年考科举，以第七名的成绩中了秀才。二十岁入长沙求实书院读书。而杨源浚和陈天华则进了1898年清明后五日开学的新化实学堂（新化一中前身）读书。

三

陈润霖在求实书院得到了公派留学生的机会。

清朝向外公派留学生是从1895年《马关条约》签订后开始的。1896年，清政府派出第一批留日学生13人，“留日”潮开始兴起。

1901 年 9 月 16 日，清政府令各省选派学生出洋留学。

1902 年春，湖南巡抚俞廉三选派湖南第一批官费留学生。

由各书院山长推荐，有关部门考核，选出“年未满三十，而志虑忠诚，识量通达者”十二人，赴日学习速成师范并考察学校制度，这是湖南选拔首批官费生。

陈润霖报了名。

留学名单很快发了榜，上榜的十二人分别是：刘佐揖（醴陵廪生）、俞浩庆（善化举人）、龙纪官（湘乡附生）、胡元倓（湘潭拔贡）、颜可驻（湘乡廪生）、王履辰（长沙举人）、江都良（善化廪生）、李致桢（龙阳举人）、陈润霖（新化附生）、仇毅（湘阳监生）、俞番同（善化监生）、朱纪（湘乡附生）。

陈润霖找了个日本洋行的通司（译员）突击学日语，为东渡扶桑做准备。

1902 年 3 月，十一名（实际成行的只有十一人）首批湖南官费留学生加上领队的县令胡珍，共十二人，乘上了开往日本的海轮。

四

海轮行驶三天三夜到达日本神户，神户是日本最早开放对外国通商的五个港口之一，之后神户迅速发展为日本最重要的港湾都市之一。这里的市容市貌、城市设施与中国国内形成巨大的反差。陈润霖想，这一切都是因为教育，因为国民素质的差别，更加坚定了他一定要学成归国办教育、让中国强大起来的想法。

休息两天后，留学生们乘长途汽车到达东京。

弘文学院在东京小石川区西江户川町，校园内绿树成荫。弘文学院是日本最早专门接受中国公派留学生的学校，初创于1896年，也就是《马关条约》签订后第二年。陈润霖来到学院，便联想到这个学院的由来，便联想到国耻和民族振兴，便想到教育的重要性。他暗下决心，学成回国之后，一定要办好学校，培养人才，让国家强大起来。

在当时的历史背景之下，绝大多数留学生的留学与救国是十分紧密地联系在一起的。留学生当时在日本经常遭到的蔑视使他们感到屈辱，受到刺激。这些让留学生产生了强烈的爱国心和自尊心，促使他们觉醒，并成熟起来，由此逐渐形成了浓厚的爱国、救国风气，并在他们当中兴起革命风潮。留学生在弘文学院，不仅在课堂上学习新知识，还在这里的学校生活中学习到一些新式教育和生活方式。比如说，严格规定的作息制度、学习民主管理、举办运动会等。弘文学院的中国留学生在学成归国后，主要流向两大领域：一大批参加革命活动，一大批活跃于教育界。他们作为近代中国第一批接受过国外西式教育的新式知识分子，在中国各界发挥了巨大的作用，成为有力地推动中国近代化进程的人才。

日本人对于中国，历来就有两派不同的主张：始终敌视中国，主张武装侵略的；对中国持友好态度，主张共同对付列强的。弘文学院举办者嘉纳治五郎显然属于后者。他信奉“一手持《论语》，一手拿算盘”的信条。嘉纳治五郎等几位老师的课是不用翻译的，他们直接用汉语讲。而其他要翻译的课，翻译则由此时流亡日本的原时务学堂的学生范源濂担任。

不久，黄兴、章太炎来看望来日的湖南同学，他们的谈话和演讲如滚滚春雷在留日同学的心中滚过，大家晚上回到宿舍就议论开了。陈润霖没想到东京留学生竟然如此大胆地公开反对朝廷。

一天，一位刚刚认识的日本姑娘佐腾春子带陈润霖来到一个书店，只见书店里面竟然挂着“三味堂”匾额，里面有《海国图志》《元史新编》等书，陈润霖十分诧异，同时也倍感自豪。佐腾春子说：“日本早期的知识分子都是汉学家，不懂西方文字，所以最早是通过这些书学习西洋的。”

陈润霖没想到自家的书对日本传播西方先进文化思想，对于明治维新起了如此重要的作用。而在中国，《海国图志》等图书却被烧毁，受到冷遇。《天工开物》这本书，在中国几乎找不到了，三味堂曾重金求购都没有，而在这里却是畅销书。他更加意识到教育、传播新思想、新知识的重要性。民众的教育没有搞起来，再好的书也不能被认识到。

弘文学院经常组织学生到东京其他学校去旁听，听课让陈润霖大开眼界。

陈润霖在日本学业精勤，积极参加进步活动，受新思想特别是教育思想影响很大。他经常与胡元倓、周家纯等一起漫步，畅谈国民教育，每每英雄相惜、心有戚戚。

在日本，陈润霖感受到了明治维新给日本带来的社会变化。

六个月的时间过得很快，陈润霖等于 1902 年 3 月抵日，本应 9 月如期毕业。

因为考察学校制度及其事宜，大家都感到时间不够，于是公推陈润霖给湖南巡抚写信，要求延长时间至年底。

陈润霖写的这封信，与其说是一封要求延期的信，不如说是一封给中国教育的建议信，内容涉及全民教育、师范教育、新式教育及办小学教育的迫切性。陈润霖把这封信交给了即将赴华访问的嘉纳治五郎校长带给俞廉三，信上的建议基本上被采纳。又因书法极美，被湖南书法爱好者刻印出版，广为流传。

此时，也正是孙中山、黄兴领导的革命志士云集东京，共商革命大计之时。

1902 年 11 月，由黄兴领导的湖南日本留学生同乡会在东京创办进步期刊《游学译编》，杂志以刊登翻译作品为主，介绍西方资产阶级的社会、政治学说和革命历史，宣传民主革命和民族独立。反对清政府和帝国主义，主张“下等社会”与“中等社会”结合起来，实行民族民主革命，推动了资产阶级民主学说的传播。陈润霖参与编辑。参加编译的除黄兴、蔡锷外，还有杨笃生、樊锥、杨度、曾鲲化等，都是极度活跃、追求进步的革命或维新人士。陈润霖感觉到编辑部就是他的精神家园，在这里学到的，甚至比他在课堂上学到的还要多，还要重要，工作也更开心，更有意义。他们常常聚到一起策划选题、选稿编稿、争论甚至抬杠。

编辑《游学译编》，进一步让陈润霖开阔了眼界，与一些有民主进步思想的人士交流甚多，思想不断产生震荡和激越。

陈润霖经常见陈天华与人激情燃烧地论辩，心中受到一阵阵震撼，觉得对陈天华都要刮目相看了，这更加坚定了他教育救国、唤醒民智的理想。

纵览古今，横观中外，独立思考。陈润霖既不因早登科场而守旧，也没有为资本主义文明所倾倒而崇洋。他立足于拥有五千年文明史的祖国大地，摄取了日本明治维新精华，在爱国、民主浪潮的推动下，形成了他“以兴办教育为己任”的坚定理想。

1902 年冬，毕业考试结束，陈润霖名列第一，按惯例，陈润霖等优等生受到校长个别接见。嘉纳治五郎接见陈润霖时认真地问他今后之志，陈润霖回答：“归国后不愿为官，愿以兴办教育为己任。”

第二章　倡办新学

一

与陈润霖一起回国的，还有陈润霖邀请的三位日本女教习。

回到长沙，陈润霖去拜访巡抚俞廉三。俞廉三见陈润霖带着三个日本姑娘，颇为诧异：“夙荒（注：陈润霖字夙荒），在日本读了几个月书，听说你书读得不错，毕业考了个第一，没想到你女人缘也不错。”

对于俞廉三这颇有暗示意义的询问，陈润霖甚为坦然。他说：“报告巡抚大人，这三位是日本的女教习，我请她们到中国来教习日语的。”

俞廉三说：“很好！很好！我们开办新学，就是要放眼看世界，如今，夙荒把外国的教习请了过来，实在是太好了。这样，我们正准备办速成师范馆，快速培养出一批新型教师来，三位的到来，正好派上用场，应了我们的急呀！”说罢开心地微笑着。

陈润霖欲言又止，俞廉三看了出来，说：“夙荒，有什么问题，尽管跟我说，现在当着我的面不说，背后找人来说就没那么方便了。”

陈润霖连忙解释说：“这批日本教习是常德朱太守请的，我去日本前他就交代了，过几天要给他送过去……”

原来，陈润霖东渡日本前，陈润霖叔辈的朋友、常德知府朱其懿就托妹夫熊希龄找过陈润霖，让他归国之后到常德办学。

俞廉三说："就借着用一用吧，速成师范馆开办在即，让我一下子到哪里去请外国的教习，而且是女教习。但唯有这样，我们的师范馆才能培养出新型的教师，否则培养出来的跟老式的教师有何区别?"

陈润霖本来想说"君子不夺人所爱"，但还是没有说。又后悔不该带她们来见俞廉三，但觉得"私藏"外国女教习更为不妥。

陈润霖便说："那朱大人那边……"

俞廉三说："朱大人那里我去说，借日本教习的事就这么定了。朱大人也是支持的，到长沙也是办教育嘛。日本领事馆方面也由我去疏通，办速成师范学堂的事要尽快。"陈润霖点头应允。

陈润霖问道："师范馆由谁任监督（即校长)?"

俞廉三说："由王先谦负责，现在只有他最合适，毕竟威望高些。但此人思想可能有点保守，他能不能接受外国女教习，我心里还没有底。你得好好跟他沟通。"

陈润霖心里一紧：这样思想保守的老夫子，怎么能办培养新式教育师资的学校？不由得心里直冒凉气。

王先谦先后任城南书院、岳麓书院山长。戊戌变法期间，为保守派领军人物。此人的保守是出了名的。

陈润霖以弟子礼去拜见王先谦，同样带着三位日本女教习。

一进门，王先谦不顾久别之礼，不问好，只是紧锁眉头。陈润霖便示意她们在外间暂留。陈润霖进到里面书房与王先谦单独说话。

到了里间，王先谦才压低声音，严肃地问："夙荒，这是怎么回事?"

陈润霖说："俞巡抚说，要培养新型教师，要用外国女教习，所以让我把人带来了。这日本女教习很难请的，手续也很难办。"

王先谦严肃地说："不行!"说得斩钉截铁，一点儿余地也不留。

顿了顿，他才接着说："德高为师，身正为范，我堂堂的省师范馆，让女人抛头露面，让她们来示这样的范吗？这成何体统?"

王先谦望了望陈润霖，本来想说："你在日本喝了几个月洋墨水，把肠子喝花了是吗?"但觉得这样未免太不尊重人，就把话咽了回去。

陈润霖心中暗喜：王先谦不要，就可以名正言顺地向朱大人交代了。受人之托，忠人之事，这是必须的。

陈润霖正想告辞，王先谦说："你还是应该留下来，到师范馆任一点课。"

陈润霖打了个拱手，说："谢谢先生，我就不留了，去日本前，朱大人就有预约，我明天就去常德了。"

王先谦也不强留。说："那样也好。"

第二天一早，陈润霖就带着三位日本女教习坐船离开省城赶往常德，受到朱其懿的热情欢迎。

四人被安排在南彝草堂，由朱其懿的妹妹朱其慧照顾日本女教习。熊希龄则与陈润霖商量办学之事。

熊希龄说："公子此次回来，得挑大梁，朱大人跟我商量了，由你来当常德中学堂的监督。"

陈润霖说："不敢，夙荒才疏学浅，初出茅庐，岂能担此大任?"

熊希龄说："公子不必谦虚，你在日本学到了先进的管理经验，英雄出少年，只管大干，不必有任何顾虑，朱大人和我全力支持你。"

陈润霖诚恳地说："老师，不是我谦虚，我还是先管教学，既然恩公和老师如此信任，我就先担任学监吧，先学会把这些具体的事做好。"

熊希龄沉思了一会儿，说："朱大人早就虚位以待，这事恐怕还得朱大人同意才行。"

陈润霖找到朱其懿说："在下刚刚毕业，恐不能担此大任。既然大人如此信任，我就先担任学监吧。"

朱其懿顿了顿，见陈润霖说得诚恳，也就点头同意了。

常德府官立中学堂就在县城的大善寺内，这原是一座千年名刹，占地宽广，古木参天。当熊希龄带着四位日本男教习参观校园时，大家看到先前来的三位日本女教习正在讲几何、化学、物理，了解到还开了算学、日语、英语、体操等课，陈润霖感到十分欣慰，新学终于在这里办起来了。

但事后了解到，日本女教习上这些课非常困难，学生很难听进去，有些茫然不懂。他们从小就学四书五经长大的，没有现代科学的基础知识。

陈润霖为此向朱其懿建议："我国现在的中学堂，都还没能脱离旧式书院的窠臼，因为我国还没有合格的小学毕业生，中学没有基础。因此当务之急，是赶快成立师范讲习所，尽快培养出一批合格的小学教师。"

朱其懿听后十分赞同，说："夙荒世兄所说正合我意，就请你尽快做个计划，希龄等全力相助，此事宜早不宜迟，越快越好。"

二

创办常德师范讲习所的计划很快通过了，名称定为湖南公立西路师范讲习所，第二年改名湖南公立西路师范学堂（简称西路师范），是沅水、澧水流域师范教育的发端，也是湘西北第一所高等师范教育学堂。熊希龄为学监。

师范学堂是需要师范生实习基地的。

但当熊希龄、陈润霖和几位日本教习到各地小学堂调研一番后，却发现小学堂旧式私塾味道甚浓。这些名义上的“小”学生，年纪可并不小：大的三四十岁，小的二十多岁，与中堂并无明显区别。他们之所以被称为“小”学生，只是因为他们都没考取秀才。显然，这些小学生之所以被称为“小”学生，并不是因为年龄小，而是因为功名小。没有考中秀才的，不管年龄多大，都被称为“童子”。他们并不是新式教育意义上的小学生。面对这样的教育对象，从新型师范学堂毕业的老师也会觉得无能为力，教起新的自然科学课程来一样是对牛弹琴。

一天，朱其懿与熊希龄、陈润霖品茶聊天。听了陈润霖说到这些情况后，朱其懿皱起了眉头，说：“旧习惯势力、旧观念无形无影，无处不在……我家有八九个顽童，有四五岁的，有六七岁的，有的发过蒙，有的没有发过蒙，都是亲戚们送来托我照管的，我想培养他们读新学，正愁没有合适的学堂可送。”

陈润霖说：“何不就将这些孩子组织起来，按新式小学堂标准办一所新学，还可以作为师范学堂实习的基地。”

朱其懿说：“好是好，只是……”

陈润霖看出了朱其懿的疑虑，说：“您是担心学生人数太少，不够朝廷规定的小学堂的人数是吗？我有个办法，就叫私塾好了。”

熊希龄表示反对，说：“叫私塾，人家会误以为是旧式私塾。”

陈润霖说：“那就叫私学吧，南彝新式私学，怎么样？”

朱其懿眼前一亮，说：“私学是个新名称，倒不必叫新式私学了。”

朱其懿于是郑重其事地任命陈润霖为南彝私学“总学师”。经过暑期紧锣密鼓的筹备，初秋正式开学了。学生主要是朱、熊两家的孩子们，还有几个好友送来的孩子，总共十六个学生。

南彝私学的后面有一块空地，是熊希龄、朱其慧的习武场。

开学典礼就在习武场举行。朱其懿和陈润霖坐在正中间，朱居东，陈居西，即所谓西席——家庭教师的传统席位。仪式由熊希龄主持。朱其懿致辞说，号召改变认为新学是杂学的旧观念，把孩子们从小就送进新式学堂。

陈润霖以巨大的热情投入了南彝私学的工作，虽然学生少，却一切正规化，按照日本三田台小学的标准办。

陈润霖兼任常德中学堂和西路师范两校的修身课教习，这门课便常常是两校集中上大课。陈润霖的修身课形式灵活，有时，他把学生们带到德山的善卷祠，就在祠前的草坪上席地而坐上课。陈润霖给大家讲德山掌故，讲在日本的见闻，讲自己办平民教育的理想。学生们听得热血沸腾、兴趣浓厚。

朱其懿办新学，办师范，还办私学，并且用了日本的教习，而且一用就是七个——三女四男。这样的动作即使放到现在，也是颇有新闻价值的。他的这些举措在朝廷也引起了一些大员的诟病。他知道知府没办法当下去了，他审时度势，先命熊希龄、陈润霖组织期末考试，给学生发毕业证书。朱经农、陈能萌、熊燕龄等南彝私学特殊班的三名学生，也参加常德中学堂的考试，经朱其懿批准，也发给常德中学堂毕业证书。将参加社会活动较多的朱经农、蒋翊武、蒋谦、林伯渠、覃振、吴景潜等马上送往日本留学。然后批准熊希龄辞去西路师范监督。一切安排妥当，朱其懿便提出休致（退休）请求，慈禧太后马上就批准了。

正在这时，陈润霖接到胡元倓的来信，请他到长沙明德学堂去救急。

第三章 创办楚怡

一

胡元倓与陈润霖都是湖南第一批官派日本的留学生。1902 年冬与陈润霖等一起回国后，胡元倓立即着手筹办学校，创办了湖南明德学堂，由龙湛霖任董事长，胡元倓自任监督。从此胡元倓把教育事业作为“磨血事业”，而自己就是“磨血之人”。

明德学校在湖南教育史上具有重要地位。

甲午战争之前，全国已开办学堂 25 所，而湖南一所也没有。直到长沙时务学堂的创办，才推动了湖南教育改革的发展。

明德学堂是省城继长沙时务学堂之后的又一新式学校，学校的发展当然同样受到旧势力的阻碍，此时正陷入困境。

陈润霖赶到长沙，只见胡元倓勉力支撑，学校上一堂课停一堂课，很不正常。

陈润霖将在常德的日本教习和部分常德中学堂的学生安排进来。一所空校顿时变得热闹起来。陈润霖又动员了新化实学堂的几位老师来明德学堂任教。于是，明德学堂的学生比原来还多了十多名，学校恢复了元气。

可守旧势力不甘失败，继续制造矛盾，并制造反陈润霖的风潮。

陈润霖决心创办自己的学校，并且从小学办起。

二

湖南创办新式小学、新式中学始于1898年，但此时全省的公立小学还只有八所。

陈润霖认为，科举制度在1905年已被宣布废除（1906年才停止科考），必须从小学开始对学生进行科学知识的教育。小学是思想最纯洁的时候，是一张白纸，要让学生成为新的人，必须从小学开始教育。“初等教育，实属国民根本。”

于是他决定从办私立小学开始。

正好朱其懿来到长沙后，在营盘街租了一个小院子，把南彝私学的七个学生也带了过来。

陈润霖跟朱其懿、朱其慧商量说：“南彝私学这七个孩子您就交给我，我想在长沙正式注册一所南彝学堂。先办小学部，以后再办中学部、大学部。”

朱其懿说：“我完全赞同。只是校名再叫南彝不妥，南彝草堂已经卖掉了，再叫南彝学堂名不符实，而且人家还会误以为是私塾。”

陈润霖说：“那就叫楚彝学堂。”

朱其懿说：“彝字也不要了吧，何必留个尾巴？彝字笔画太多，小学生难写。”

在陈润霖沉思之际，一直未搭话的朱其慧笑着说：“就依了大哥的心意吧！你们看这样改怎么样?”说着亮出她手写的四个字“楚怡学堂”。

朱其懿一看就说：“能用能用，由润霖做主。”

陈润霖看着“楚怡学堂”四个字，豁然开朗，“楚”能代表湖南，岳麓书院的对联“惟楚有才”，这是历史，也是他办学的愿景，他希望在湖南培养出更多的人才。学习应该是快乐的，应该有传承有创新。改彝为“怡”，取怡然乐育之意。陈润霖轻轻念着：“惟楚有才，怡然乐育，好!”

朱其懿说：“好，意义深远。”

后来，朱其慧写的这四个字被做成招牌挂到了楚怡学堂的校门上，后来把“堂”改为“校”，也是朱其慧的字迹。

不久，朱其懿在朱其慧的陪同下去了上海宝山老家。朱是个清官，又常捐资办学，卖房子的钱又被熊希龄拿了一大笔办实业去了，留给陈润霖照顾孩子们的学费并不多。

陈润霖把院子装修了一下，私立楚怡学堂便正式在营盘岭成立了。

营盘岭的院子太小，但大门外有一棵大树，树下形成一个小小的广场，这就成了孩子们搞体育锻炼和开展各种活动的地方。

1906 年，楚怡小学开学时，陈润霖举办了一个隆重的开学典礼，长沙各大名校的校长、学生的家长和陈润霖的部分好友都参加了。他不因为人数少就随意对待，而是一样坚持给接受新式教育的孩子们一种仪式感，因为这标志着他们人生的新的开始。在开学典礼上，陈润霖发表了热情洋溢的讲话：

同学们！各位家长，各位来宾！大家好！

欢迎你们来到楚怡学校！惟楚有才，怡然乐育，你们能够来到楚怡学校学习，首先让我这个当老师的感到高兴！孔老夫子说过，得天下英才而教之，人生一乐也。自古以来，惟楚有才，我希望、我更相信各位经过在楚怡的学习，会成为国家的有用之才。同学们！这是新世纪初的第六个年头，这一年，是注定要载入史册的一年，这一年，实行了一千多年的科举制度真正地废除了！这是中国教育史上开天辟地的大事情，昭示着一个新的时代的到来。科举制度的被废除，非常鲜明地告诉我们，我们的祖辈、父辈凭着死记硬背古人的文章就可以取仕做官的时代过去了，这意味着写文章严格地按照八个规程来写的时代过去了，这更意味着我们个人必须学习新的知识才能立足于新的世纪，我们的国家必须拥有无数的新的知识才能立于世界强国之中，意味着谁最先用新的知识武装头脑谁才能够站在新世纪的前沿！

同学们！这新的知识是什么呢？这新的知识就是完全不同于旧知识的科学知识，就是物理、化学、数学、生物、地理、医学、天文、海洋，新的知识就是飞机、汽车、舰船、火箭，新的知识就是鱼、鸟、老虎、狮子、野猪、豹子，新的知识就是地下的煤、铅、铜、铁、锡、锌……

这些新的知识，是我们的父辈和祖先闻所未闻见所未见的，或者是我们的老观念里认为是无用之学的，几千年以来一直只有极少数的人在钻研，绝大多数人对科学的认识是零，这是一个未知的世界，但这是一个对我们极其有用的世界，只有用科学，才能改造世界，只有用科学，才能创造人类的未来，只有用科学，我们的国家才会强大，我们的民族才能进步！新的世纪一定是科学的世纪！谁不懂得科学，谁就会落后，谁不懂得科学，谁就会受欺负！

我们怕科学，就像怕老虎一样，我们不懂科学，就像我们不知道天有多高、地有多厚一样。那怎么办？同学们！我们要做新世纪的勇士，我们要鼓足干劲，满怀信心，向科学进军！向我们未知的世界进军！我们要征服他们！我们要用科学来造福我们的人民，我们要用科学来强大我们的国家，我们要用科学来照亮新世纪的天空！

同学们！向科学进军!!

陈润霖的一番演讲，学生们听得要懂不懂，在旁观礼的家长也听得要懂不懂，只有一些嘉宾听得很来劲，眼睛睁得大大的，觉得陈润霖校长讲得好。但不管懂还是不懂的，大家都听得热血沸腾！陈润霖一讲完，大家使劲鼓掌。

陈润霖提出的向科学进军的口号，当天就在长沙市民之间广为流传，成为市井之间热议的一个新词。他们觉得，这个喝过洋墨水的陈校长说的话就是不一样，眼界就是宽些。把孩子送到楚怡来学科学，说不定还真是最有前途的。

楚怡学校的生源也因为陈润霖向科学进军的口号而慢慢多了起来。

向科学进军这个口号，无意中成了楚怡的办学理念，成了楚怡的一块金字招牌。

三

甲午战争后，清廷派出第一批留日学生，从此掀起了一股留日风潮。有文化的人想去留学，没文化的人也想到日本去看看。公费选派的自然有限，但自费留学就自由多了。那时日本对刚刚打开国门的中国签证放得很松，几乎有去必签。

这样，留学人员的素质良莠不齐，引起了清廷的注意。清廷外务部在1901年11月23日的一份奏折中提到：“学生出洋肄业，原为储才起见，岂容滥竽充数。”建议“宜于未派出洋之前先通中学，将派出洋之时务必普通之学，既派出洋之后精求专门之学。夫而后中西可以贯通，成就可期远大”。于是，清政府规定，留学必须具有中学毕业资格。

随着留学热的升温，加上清政府对留学要具有中学毕业资格的这一条硬性规定的出台，楚怡小学的社会反响越来越好，小学的生源也不断增多。

这样一来，校舍就肯定不够。而租用校舍肯定要花一笔大钱。

为了扩大校舍，筹集资金，陈润霖一时想不出什么好办法，还是先回新化老家，跟家人商议再说。

陈润霖回到新化陈家大院，敲开门进去，母亲邹夫人异常高兴，起身说：“福宝，你回来了？”

“妈，我这次回来有点事。”

邹夫人忙张罗着让儿子坐下，又端来热茶和吃食，就像招待客人一样。

陈润霖说：“妈，不用忙乎，坐下来，我跟您商量个事。”

儿子从来没有在母亲面前这么认真过。邹夫人便坐了下来，一脸认真地问：

“福宝，什么事？只要妈做得到的，一定会帮你办好。”

陈润霖说：“妈，我现在办学了，办的是小学，开始只有从常德带来的七个学生，现在学生越来越多，校舍太小了，我想扩大校舍，特为这事回家，跟母亲商量。”

邹夫人说：“福宝，这个我支持，妈虽没有文化，但也知道培养人才是国家的大事，妈支持你。”

陈润霖说：“我想把我名下的部分房产卖掉，只留两间给您住就行了。

反正我也很少回来，留多么多房子也没有用。”

邹夫人说：“这个可以，只是要同哥哥嫂嫂商量一下，最好在陈氏本家找个买主，日后也好相处一些。”

陈润霖点点头说：“嗯，还是您考虑得周到。”于是陈润霖跟哥哥嫂子去商量，哥嫂都同意，而且很快在本家中找到了买主。陈润霖感到很开心。

陈润霖打算带着这些卖房子的钱回长沙去。邹夫人问：“福宝，这些钱办学够不够呢？”

陈润霖说：“妈，办学花钱是无止境的，有了这些钱作为启动，我会慢慢再想办法。”

邹夫人说：“福宝，办事还是多准备点钱的好，个钱逼死英雄汉啦。这样，妈还有些陪嫁首饰，这些东西我平时也不戴，留着也无用。我就全部卖了，把钱给你去办学。”

陈润霖哽咽着说：“妈，这些您还是留着吧。”

邹夫人说：“你爸去世多年了，如果你爸在，这些我不能卖，现在留着也没有用处，你能把学办好，就是给我最大的安慰。这跟办学相比，不值一提。”

陈润霖没想到母亲在关键时候竟然如此深明大义，不禁潸然泪下。

四

陈润霖回长沙后到处打听，终于打听到储英园一所大宅可以买下来当校园。储英园是著名将领劳崇光的府第，占地十分宽广，分前后两大栋，每栋五开两进，还有大门厅、花厅、侧屋、花园等。花园里有一泉眼，泉水冒出，形成一条小渠，从宅院一直流向不远的省贡院中。

陈润霖以分期付款的方式，直到1914年终于将储英园全部买下，楚怡学校得以奠定，有了永久性校址。

1918年起，陈润霖以宏伟的气魄进行校舍大改造，这项工程十分艰巨。陈润霖奔走筹款，筹划设计，把一所大型古式住宅前栋改为带大厅的两进两层楼房，并将花厅也改为教室，每间教室隔壁有住房，供老师居住。级任、科任老师就住在自己班级的隔壁房里，便于随时照顾学生。后栋暂时佃出，将押租、佃钱作为前栋改造经费的一部分。校舍设计符合教育观念和建筑原理。既适应教学需要，又保持古色古香、民族风味，在长沙独具一格，表现了陈润霖在建校方面的宏大构思和设计才华。凡到过楚怡的人，无不称赞校舍修建得好，新颖、适用、便利、美观。

陈润霖认为教育救国，必须让学生强身健体。1920年，学校兴建新型体育馆，规模宏大，修建运动场，设备极佳，晴天雨天学生都能充分锻炼身体。学校每年必举行体育大会，学生运动成绩之好，闻名遐迩。参加省市运动会，多获冠军，盛誉三湘。

几年之内，学校由小到大，发展成为一所六年制12个班级的完全小学，有学生600余人，成为湖南省第一流学校。

陈润霖的这些教育方式，既培养了学生的爱心，又开阔了学生的眼界，属于开放性办学，把学校与社会紧密结合起来。不是把学生关在象牙塔里，向他们灌输科学知识，而是让他们在活动中学习，为学生打开了一个看社会的窗口。楚怡学生在丰富多彩的活动之中，各种综合能力得到了锻炼。

黄兴的儿子黄乃、经济学家茅于轼、曾任毛主席秘书的李锐都在楚怡小学读过书。

五

陈润霖喜爱菊花。菊，花之隐逸者也。菊花，是百花凋谢后才开的，在秋天可谓一枝独秀。菊花，颇能代表他低调务实的风格，也代表他敢于一枝独秀的勇气和智慧。

陈润霖把菊花定为楚怡学校的校花，每年秋季在体育馆举办一次菊花展。楚怡体育馆可以容纳一千多人，体育馆的第二层是两个大厅。

菊花是陈润霖特意从日本引进而培植出的，菊花品种达一千六百多种，有数千盆，争奇斗艳。当时极其少见的绿菊，学校也有六七种，其中一盆，陈润霖还取名“平湖秋月”，以西湖一景命名，可见对其的喜爱。

每年的菊花展可谓群贤毕至。修业小学、妙高峰中学（现长沙十一中）、雅礼中学、周南中学、湖南大学、广益中学（现湖南师大附中）的教育家和名师们都来这里赏菊、品茶、吟诗、作画。

继楚怡小学堂、楚怡工业学校（后面将重点讲述）之后，陈润霖又于1920年9月在小学内增办了幼稚园，1923年开办了楚怡中学。从此四部联合，贯通一气，形成楚怡“三校一园”的体制，统称为湖南楚怡学校。学生每年不少于2000人，莘莘学子莫不以就读楚怡为荣。不仅誉满三湘，而且名驰全国。这在当时的中国，是很有特色的。

1928年开始，兴办的菊花展览从文人的聚会变成了陈润霖和广益中学校长、湖南省孤儿院的创办者曹孟其每年一次为湖南孤儿院募捐的盛大社会公益活动。花两毛钱、五毛钱买票的，都可进去参观；花五元钱买票的，除可参观以外，还有穿着统一制服的志愿者为你送上一杯散发着清香的菊花茶。门票收入所得全部用于孤儿院的各项开销。当时长沙的湘剧名伶大腕每年都会来这里义演，被吸引的人越来越多。一所小学校园内的菊花展，那几天，“士女往来，衣带相接”。因为校园太漂亮、名气太大、教学质量太高，楚怡学校成了长沙市最有名的学校，也成了世家子弟入学的首选。

1938 年“文夕大火”后，楚怡幼稚园停办，中学和小学则迁往湘潭炭冲子继续办学一段时间，楚怡工业学校则迁到陈润霖的家乡新化办学。后受战局影响，楚怡中学停办，楚怡小学则一直保留至今。2006 年，楚怡小学 100 周年校庆时，邀请时任国务院总理朱镕基参加校庆。朱镕基虽没能参加校庆，却给楚怡学校回了一封信。

朱镕基在信中说：

长沙市楚怡学校

老师们、同学们！

欣系母校百年华诞，敬表庆贺。祝愿母校发扬光荣传统，开创辉煌未来。

我虽然只在楚怡新化校址就读一个学期，但正逢日本侵略军攻占长沙，面临无家可归之际，国破家亡之感终生难忘。唯愿我之年轻学友发愤自强，刻苦学习，诚信做人，振兴我中华民族，实有厚望。

承邀参加的校庆盛典，因故不克，敬请鉴谅。

朱镕基

四月二十三日

这使楚怡学校名声大振，楚怡工业学校的办学历史也再一次为公众所知，并逐渐引起重视。

第四章 素质培育

一

陈润霖是“教育救国论”者，同时又是新教育的倡导者，反对“依葫芦画瓢”的教育。他虽留学日本，但并不全盘接受在日本所学，而是对其进行辩证的否定。日本的教育精神为“军国主义”，这是陈润霖坚决反对的。

陈润霖认为思想要不断进步，教育要不断改革，教育方法也要不断改进。早在1919年以前，陈润霖就翻译过《比利时之新学校》和《葛雷式教育》两书，并按照关于发展学生自动、自学、自治精神的理论，参以欧美新教育学方式，进行教育改革。

五四运动以后，东南大学回来一批留学生，其中有陶行知、陈鹤琴等人，他们提倡“从做中学”的设计教学法。

“从做中学”是20世纪美国著名实用主义教育家杜威关于教学的核心原则。他把它贯穿在教学领域的各个方面，诸如教学过程、课程、教学方法、教学组织形式等，都以“从做中学”的要求为基础。“从做中学”是以他的经验论哲学观和本能论心理学为依据。在杜威看来，所谓“经验包含着行动或尝试和所承受的结果之间的联结”，“知”和“行”是紧密相连的，没有行就没有知，知从行来。只有从“做”得来的知识，才是“真知识”，杜威还把“做”看作是人的生物本能活动。他指出人有 4 种基本的本能：制造、交际、表现和探索。这是与生俱来，无需经过学习、自然会知的。这 4 种本能产生了人的 4 种兴趣。这些本能与兴趣提供学习活动的心理基础的动力。而其中制作的本能与兴趣最为突出。因此，他主张“教学应从学生的经验和活动出发，使学生在游戏和工作中，采用与儿童和青年在校外从事的活动类似的形式”。要求学校科目相互联系的真正中心，不是科学，不是文学，不是历史，不是地理，而是儿童本身的社会活动。学校要设置车间、实验室、农场等让学生在活动中学习实际知识和技能，以此改变传统学校的形式主义。

“从做中学”的教育理念先在东大附小实验，附小主任喻子夷用此法教算术甚精，同时苏州小学吴研因善用此法教国语。“从做中学”的教育理念得以推广，同时推广道尔顿制，各省都有派人参加研究。

陈润霖即派教师黄德安前往学习研究。因为黄德安 1919 年任教楚小五年级时，把一个乱班教成了好班，成绩卓著。黄德安潜心研究教育教法的改良，他的主张与陈润霖所译之书观点略同。

黄德安回来后，主持新教学法的改革。这种教学法根据学生年龄年级特征分三种：一二年级试行混合教学法；三四年级试行“从做中学”的分科设计教学法；五六年级试行“按照学习进度，自己规划，自己学习”的“道尔顿制”学习法。

道尔顿制，一译“道尔顿计划”。其原则主要有两条：一是自由，即学生在身心方面都能自己计划自己的事情，自己克制自己的活动，以此培养学生自我教育的能力；二是合作，即打破班级界限，强调团体活动中的合作和交互作用，以使学生在民主合作的氛围中得到发展。该学习法由美国教育家帕克赫斯特于 1920 年在马萨诸塞州道尔顿中学所创行，因此得名。

这些方法在楚怡试行一年，改革成功后，遂加推广。楚怡还办了《楚怡校刊》。长沙各校都来效法学习，名盛一时。

陈润霖采用“从做中学”的设计教学法及由学生按照学习制度，“自己规划、自己学习”的道尔顿制，对此二者也是边试验、边改进。为了实行“因材施教”，不只按年升班，还允许学生跳级。

曾任西北农业大学教授的楚怡小学 1921 年毕业校友黄志尚，回忆当时的“道尔顿制”教学法时写道：

> 我在楚怡学校读高小二年级时，全家靠父亲工资养家。后来父亲死了，不要说上学，就连生活费也成了问题。得到噩耗，我号啕大哭，当时老师就免了我的学费，让我继续攻读，这是很不容易的。
>
> 我们那时上学非常轻松愉快，楚怡小学推行一种新的教学方法，叫作“道尔顿制”。我现在还能谈谈语文教学的实际情况。
>
> 我们学习一篇新课文，老师并不讲解，首先由学生将课文的生字从字典上查出来，写在黑板上。老师检查后，问学生是不是还有不知道读音和不明了意义的字，如有学生提出疑问，老师并不回答，而是反过来问学生谁能回答这个问题。当学生回答问题有错误时，他也不立即指出，而是问其他学生“他答得对不对”。当然有别的学生提出不同的答案。有几种不同的答案时，老师继续问学生“哪一答案是正确的”。就是这样引导学生自己讨论把生字的发音和意义弄明确。
>
> 然后指定个别学生一段段念课文，当念错时，也不直接指出，而是问其他学生“谁发现有错误没有”，让学生自己校正。

每段课文的意义也是由学生自己讲解，引导学生讨论，把意义弄得深入透彻。

还要学生自己讲解整篇课文分作多少段，段与段之间的关系和层次，最后由学生找出全文的中心意思和主题思想。至于写作方法技巧，老师也只是略加指点，引导学生自己去领会。

这样的教学方法，可以说老师不是用填鸭方式死硬灌输，整篇课文都是学生自己动脑子学到的。我们对课文的理解非常深透而且脑筋也非常灵活。我们那时从来不布置背书，但许多课文自然能背，因为我们对课文有了系统的理解，不要死记硬背。

我们的老师都认真负责，非常辛苦。楚怡非常重视书法，要求我们每天练大小字，作业不仅要交齐，而且每张字都要批改，写得好的字打上圈，写得不好的字，用红笔指出它的错误，应当怎样写才能写好。讲究书法不仅是为了好看，也是为了锻炼人的品德。

当时北师大学生麦卡尔介绍智力测验时，湖南省教育厅派了两名督学去听讲，学校只有楚怡小学派了黄德安前去学习。

黄德安学习回来以后，楚怡就在小学生中测验智力，作为施教与编级的参考，同时向别的小学乃至师范推广。这时商务印书馆又出了一套测验材料，楚怡立即采用。为了改革需要，特聘请北师大毕业的匡互生等人来楚怡工作，编了一套充满爱国主义精神，合乎新文化运动的新教材。

黄德安后来回忆：“夙老并不以关门自己办好教育为满足。”

周世钊回忆当时长沙教育改革时写道：“随着新文化运动的开展，改革旧教育、实行新教育的浪潮，不但冲击大、中学校，同时也冲击了小学校，如长沙城里的几个小学——楚怡、幼幼、修业、周南、一师附小、明德、长高等都进行了教学和教育上的改革。楚怡小学一九一九年暑假提出教育改革草案，改进国语教学内容，聘请了几个北京高师毕业生到校，编辑了一套新教本。”陈润霖就是这样采取“派出去”“请进来”的办法，吸取新经验，改革旧教学的，对当时教育改革贡献甚大。

陈润霖反对闭关办学、夜郎自大，主张学习外国的先进科学技术，必须先学好外语。要学好外语，最好从小学开始，于是陈润霖1920年在楚怡小学高年级增设英语课，试教英语，并取得了良好成绩，开创了湖南各小学开设英语课的先例。

陈润霖是素质培育的先行者。当时虽然没有“素质培育”这个提法，现在也只提“素质教育”，但是事实上楚怡学校实施的是素质培育。为了给改革旧教育、创造新教育创造条件，陈润霖大规模改建、扩建校舍，提供良好的物质设备，开辟了各科专门教室或研究室，教学设备非常充实。主要有：

手工教室。备有工作台及木工工具，锤、刨、凿、钻、斧等一应俱全，每样有四十件，上课时每个学生都有一套工具可以操作。

自然研究室。室内有特设的大型圆桌，老师做实验时，学生可围坐观察；又有十组实验桌，供学生分组实验之用。理化仪器和化学药品十分齐全，老师讲解自然课各种理化原理，大多可以用仪器演示，或做实验给学生看，增强感性认识，从而加强理性认识。还有生理卫生方面的设备，除各种挂图外，人体大模型就有两具，一是脉络结构的整体模型，可以拆开看到内部五脏构造，一是人体骨骼结构模型。同时还有各种动物标本、挂图，如昆虫、鸟类和各种植物标本等，其中许多是自制的。

美术室。设有图画板、活动写生架五十套，上课时每个学生可用一套，还有一些写生实物等设备。

音乐室。设有五线谱大黑板，有风琴、钢琴、手风琴、管弦乐器、鼓号。

动植物园地。设在自然研究室旁，划有菜园、花园、动物园、养鱼池，供自然科实习用。学生组织园艺小组，自己动手栽花、种菜，饲养鸡、鱼、鸟类等。

医务室。备有常用药物，有专门老师指导医务小组学生进行护理工作，学生跌伤破皮、头痛脑热等小病，医务小组就可以治疗。

贩卖部。经营学习用品、文具纸张，经销文化书社的进步书刊等，有老师指导，学生自己经营管理，培养学生独立工作能力和为同学服务的情操。

以上这些建设，是在小学部建楼以后陆续搞的，楚小之所以能以较少的普通教室而容纳较多的班级，就是在上课时，与各专用教室、活动场所错开编班之故。这需要在排课时开动脑筋，科学地运用教学场所，是学校挖潜的一种好办法，正符合现代科学管理方法——统筹法。

二

陈润霖非常重视学生的思想教育，以进步思想教育学生树立为祖国勤奋学习的思想，树雄心、立大志，为国为民，做有道德有骨气的人。

陈润霖早年亲自讲授修身学（后来又叫公民课），以反帝反封建、振兴中华等思想教育学生，鼓励学生立大志、学本领，为国为民，总是举出古往今来许多模范人物的优秀事迹，教育学生效法前人。陈润霖非常佩服谭嗣同，传播谭嗣同反君主专制思想、进步的哲学观点和视死如归的精神。陈润霖还宣传孙中山先生的革命思想和伟绩。全校性的大集会是陈润霖对学生进行思想政治教育的好机会，每当陈润霖讲话时，全场鸦雀无声，讲完后，学生报以热烈的掌声。师生称赞说："听老校长一席话，胜读十年书。"

陈润霖要求老师对学生进行思想政治教育，除了爱国主义教育外，还要求老师进行精神文明教育，要求老师以身作则教育学生做人的道理，进行品德教育、礼貌教育、纪律教育和劳动教育等。社会上公认楚怡的学生讲文明，有礼貌，守纪律，爱劳动，也讲卫生。

陈润霖提倡体育运动。楚怡的露天体育场设备非常完善，有大小篮球场，同时可作排球场、网球场和足球场，有沙池、单杠、跳高架、秋千、浪桥、爬杆、翘板、跷梯；有篮球、排球、足球、网球，每种球都有十几个，供上课和课外活动用。

为了使学生在雨雪天照样能够上体育课锻炼身体，学校于 1920 年兴建了一座大规模的现代体育馆，馆内设有篮球场，是学生朝会、晚会场所。也是旱冰场，学校备有冰鞋，提倡滑冰，当时在长沙是首屈一指的。学校每年举行运动会，学生成绩之好，闻名遐迩。1918 年 8 月起，学校发行《体育周刊》，由黄胜白（黄醒）、张白黄老师主编，向全国发行了 60 期。

楚怡学校是三校（楚怡小学、楚怡中学、楚怡工业学校）一园（幼稚园）的办学体系，至今仍在延续办学。三校一园连成一气，在湖南是唯一，在全国也极为罕见。

楚怡中学的办学，沿用了楚怡小学的教学理念，"从做中学"的特色十分明显。曾任吉林省农业科学院名誉院长、吉林省人民政府顾问的楚怡中学第二班校友唐川回忆在楚怡中学读书的情景时写道：

我是一九二四年秋考入楚怡中学第二班，美术教员汪铁士先生住在校园中一间教室内，我们就在那里上美术课。记得有一年秋季去岳麓山野游，他还带我们写生，因此印象较深。国文教员陈子展先生，他思想先进，是引导我们喜爱新文艺的启蒙老师，在他的教导下，姚令圭（即张庚）、刘仲达和我都喜爱文学。当时学校贩卖部代销毛泽东同志创办的文化书社的一些文学书籍和刊物，如鲁迅、郭沫若、郁达夫、冰心等的小说和诗集，以及像《莽原》《语丝》和《洪水》等新文学书籍和刊物。几乎每本每期见了就买。在这些新文学书刊的影响下，在陈子展先生的指导下，我们三人曾组织过“浊浪文艺社”，出版过《浊浪》不定期刊。为什么叫《浊浪》？记得这是姚令圭仿照创造社的《洪水》定的。陈子展先生与当时长沙的文艺界知名人士，如罗黑芷、黄衍仁、黄醒等曾组织过零星社，出版过《零星》文艺刊物。我们浊浪文艺社同人中比较好的作品，常由陈子展先生介绍在《零星》上发表。黄醒先生是我们的音乐教员，他教的歌虽然大都记不起歌名了，但有两首关于秋天和冬天的歌，我至今还记得一些，如“时已凉，天气未寒时，月圆时，西风紧逼着人哑哑地，莫迟疑，你不勤，待怎的”，“明明是隆冬，为谁开这阳和瑷曃”，每到秋天和冬季雪后，一哼这些歌词，就勾起我对当时在楚怡念书时的回忆。

记得在楚怡时，我校就已有了体育馆和旱冰场，除在体育馆放过电影外，中小学教员还在体育馆演过话剧，剧名则忘了，其中演员之一是中学部的英文教员曹治用先生和小学部的几位老师。另外就是每到秋季，学校就开菊花展览会，展出各种名贵菊花品种。这些活动，对于陶冶同学们的品性，都是有好的影响的。

关于楚怡学校的体育特色，曾任湖南省政协委员、湖南省教育学会体育顾问，曾在楚怡学校任教体育32年的特级教师张季元在1986年回忆道：

楚怡学校的体育有光荣的历史和卓越的成就，学校很重视学生智体全面发展，对体育教学十分认真，聘请体育教师尤为慎重，解放前在楚小任教的，有著名体育家陈奎生、张白黄、黄凤岐、相展、李蔚春等老师。学校运动场地不大，只有五十米长、四十五米宽。还有容纳两个篮球场的操场和一幢两层建筑的新型体育馆。体育馆内设有篮球场、体操房，还有一个滑冰场，设备齐全，当时是第一流的。学校每年举办一次运动会，检阅学生体育运动成绩。一九二一年五月十五日为楚怡小学十五周年校庆，上午是学艺会，下午是游艺会，项目很多，如运动会会歌、课间操表演、排球比赛、乒乓球比赛、足球比赛等十九个项目。游艺会后有活动电影。六十年前体育规模就如此宏大，当时的湖南国民日报对此有所报道，可见楚怡学校何等重视学生体育活动。

新中国成立后，楚怡学校在党的领导关怀下，仍朝气蓬勃、欣欣向荣，学校发扬过去光荣传统，把体育工作列入议事日程。体育教师有陈庚（一九五三年调到中南矿冶学院任体育教研室主任、副教授）、陈子修等老师。我于一九五四年调到楚怡学校任体育老师，历时卅二载，学校两课两操两活动有条不紊。一九五八年学校成立了体操队、田径队，利用业余时间进行训练，并确定体操列入传统项目，长年坚持训练。功夫不负有心人，朵朵鲜花结成硕果，楚怡健儿名扬全国，威震亚洲，腾飞于世界，为母校、为湖南、为祖国争得了荣誉。

楚怡小学的体育特色，后来亦延续到了楚怡工业学校。

楚工体育课的特点，主要是利用课余时间开展体育活动。从五四运动开始，学校规定每天课余体育活动不得少于40分钟，而实际体育锻炼时间往往超过学校规定。

楚工学生经常进行球赛、器械操和国术表演。1936年前后，楚工球类运动已经达到较高的水平。楚工游泳之风颇盛，俯仰沉浮于浏阳河中，随处可见楚工健儿的身影。

关于楚怡学校的管理，曾任湖南省教育学会常务理事、长沙市教育局长、楚怡校友总会会长的魏泽馨在1986年楚怡80周年校庆时回忆道：

> 我是在二十年代进入楚怡小学读书的，现就当时学部学校管理情况回忆如下：
>
> 楚怡学校的行政管理极为精简，全校工作由陈老校长负责。幼稚园有三个班由园主任一人负责，中学部有三个班，小学部有十二个班，工业学校分机械、矿冶、土木三科及一职工科，共有十班，各设主事一人负责。当时陈老校长锐意革新教学，除翻译《葛雷式教育》和《比利时之新学校》两书外，对世界各国新兴教育思想极为重视，特设研究部，由校长室秘书兼任研究部主任，统管三校一园的教学改革工作。学校各部职工人数很少。
>
> 小学部由主事领导日常工作，由研究部主任领导教学改革工作。每日下午课毕，研究部主任召开全体教师会议。每班设班主任两人，每个教室旁边都有两间班主任寝室，所以班主任与学生极为接近。
>
> 当时小学部校舍设备完善，为长沙市各小学之冠，且校舍建筑很符合实际情况。进入学校大门，就是一间大厅，是举行学生晚会的场所，也是风雨操场。进而是教学区，十二间教室分作两

排，楼上楼下各六间，两排之间有院落天井，每排教室之间有宽广走道。走道间有宽阔楼梯，楼上第二排走道旁置有由上滑下的梭板，学生上下，极为方便。每排楼上楼下走道间都置有乒乓球桌。十二间教室比较集中，采光明亮。由教学区到体育馆、音乐室、美术室、自然科学实验室、操场、动植物田地及食堂等处都有走廊相连，如遇雨可以不打伞。当时，全体小学生都在校中餐，八人一桌，每人两个调羹，实行公羹制，避免传染疾病。整个教学与生活场地，既完然配套，又切合小学生的心理情况与湖南冬春多雨的气候。每年秋季学校举办菊花展览三天。

当时学校的教学管理，在长沙市小学中算是首屈一指的。

思想品德教学，属于全校性的问题。由主事在朝晚会上进行讲话。集会时多种手势代替语言，例如用手指放在嘴唇上，就是表示大家不要讲话，因其符合儿童心理爱好，所以收效很快。

把学生共同遵守的规则印成《好习惯》，每人一册，各班的问题及好习惯执行情况，由班主任进行讲解检查。例如，每日早上各班点名，清查人数，养成学生准时到校的习惯。同时检查学生是否带小手帕，是否剪了手指甲，以养成爱卫生的习惯。每日下午最后一节课后，吹静校口笛，学生必须离校。

当时东南大学的教授陶行知、陈鹤琴等从美国留学回来，传播美国杜威的教育思想，办暑假讲习班。北师大学生麦卡尔讲授智力测验，陈老校长都派研究部主任前往学习，回校积极试验，进行教学改革。

陈老校长用人唯贤，爱才敬才，聘请教师极为慎重，教师待遇较一般小学优厚，所以教师都是师范毕业，有的还是大学高师毕业，多是当时长沙市各科著名教师，后来不少到中学、大学任教。其中有的是新民学会会员，有的是共产党员。他们思想进步，学识广博，备课认真，教学负责，专心学校工作，严格要求学生，课堂讲授之余，多能亲手操作，全校教学气氛极为浓厚。

小学课程，除一般小学共同的以外，从小学三年级起增开英语。各班教材除一般通用的课本外，根据需要，由教师自编讲义。教学方法以教师讲授为主，但很重视理论与实际结合。例如教“人体构造”一课，则结合人体模型，分部剖开讲解，使学生对人体各部分逐项了解，最后，教师编成教材，印发学生阅读。教“墨”一课，教师在课堂用松枝等制作一条圆墨。手工课由学生领用工具及材料做各种物品，如小鸡小兔等石膏模型、乒乓球拍、小木屋、小木船。高年级自然课则结合书本，在实验室进行实验，在菜圃花圃从事种植。凡此种种，都使学生既学且做，学得有趣，记忆真切，印象深刻。

在教学仪器、教具、场地设备方面，极为完整丰富，除各班教室外，有体育馆、露天与风雨操场、自然科学实验室、美术室、音乐室、动植物园地、手工工场等。自然科学实验室有理化仪器、药品、显微镜、挂图、模型、动植物标本演示实验桌凳、分组实验桌凳。美术室有写生板架及实物模型等。音乐室有风琴、手风琴、管弦乐器。动植物园地有花圃、菜圃，养鱼池，且饲养有鸡、兔、鸟类等。手工工场全套木工工具，每生一套。以上教学仪器设备，为各种教学活动提供了良好的用具与场所，使教学方法能够结合实际，学生学得生动活泼。

当时楚怡小学的体育教学管理是很科学和新颖的。露天操场可打篮球、排球、网球，踢足球，有沙坑、跳高架，可开展跳高、跳远等，也有跷板、秋千、浪桥、爬杆、滑梯等，风雨操场可作篮球、排球场，也可作旱冰场，学校备有滑冰鞋供同学使用。还有一座规模宏大的现代化体育馆，馆内可进行篮球、排球赛，还有爬梯、横梯、单杠、双杠、跳箱、平衡木、软垫等设备。同时还有一个活动舞台，有灯光设备，可供全校学生进行文艺活动。

第五章 爱国兴工

一

我国的职业教育渊源久远。

大约在原始氏族公社时期，人类经历了人类社会历史上的第一次社会大分工，即生产经济与攫取经济的分离，就是采集、渔猎与家业、畜牧业的分离。于是带来了人类社会的最初分工，也就有了不同的职业，也就有了职业性的教育。当然这只能看作原始的职业性的教育。

几乎在农业产生的同时，产生了“拘兽以为畜”的畜牧业，产生了伏羲氏教民渔猎，取牺牲以供庖厨的传说。牛、羊、豕曰牲，牲中色纯者为牺。

农业和畜牧业的发展及人类生活走向定居，促进了手工业技术及其传授的专门化。史书记载“嫘祖始教民育蚕，治丝茧以供衣服”。

奴隶社会发达的手工业生产，要求对手工业奴隶进行强制性技术训练，于是形成了一种特殊的职业性教育。这种职业性的教育，是职业教育的萌芽。

春秋战国时期，家业父传型职业教育开始出现，设官教民的专科性职业教育也初现端倪。

东汉灵帝时，出现了专科性的职业教育机构鸿都门学。南朝时，宋明帝在京师设立四学。隋唐时期，出现了艺徒制和各种专门学校。如中央医学，就是世界上规模最早和规模最大的医学院。宋元明清时期，得到进一步的发展。

到了近代，在洋务运动时期，为了适应正在兴起的洋务事业对近代技术人才的需求，洋务派创办起一批旨在培养工技人才的洋务学堂，其中1866年左宗棠奏准在马尾船政局附设福建船政学堂，这是近代中国第一所培养造船设计人才和海军人才的技术学校，揭开我国工科早期实业教育的一页。第二年，左宗棠又在马尾船政局和上海江南制造局各附设机器学堂。1880年，天津电报学堂设立；1882年，上海电报学堂设立；1885年，天津北洋武备学堂附设铁路班创办；1896年，南京江南陆军学堂附设铁路专门班创办。其后续有增加。这些新式学堂成为实业教育的萌芽和雏形。

甲午战败，国内兴起了戊戌维新运动，以康有为、梁启超为代表的资产阶级改良派提出培养专门实用人才、改革传统教育的主张，得到了清政府的支持。于是，全国各地掀起了创办实业学堂的浪潮。著名的有1896年江西省设立的高安蚕桑学堂，1897年浙江省设立的杭州蚕学馆等；1898年康有为奏请设立的各省农务学堂，这是晚清实业教育发展的又一次高峰。

近代湖南职业教育起步较晚，据《湖南省志·教育志》记载，1894年甲午战争以前，全国已开办新式学堂25所，湖南一所也没有。

1902年，清政府颁布了《钦定学堂章程》，将实业学堂分为三级，即简易实业学堂、中等实业学堂和高等实业学堂，但此章程并未真正实行。

1902年12月，湖南创立第一所公立职业学堂——湖南农务工艺学堂，招生120名，于1903年年初开学，这是湖南第一所比较正规的实业学堂。由善后局每年在盐款项下拨省平银1万两作经费，并派员专门修葺校舍，设农、工两科。这是近代湖南第一所工艺学堂，也是湖南第一所职业技术学堂，开湖南职业教育的先河。校址设长沙戥子桥迁善所。1905年8月，农务、工艺学堂分设。前者称为湖南官立中等农业学堂，设长沙北门外农事试验场。后者称艺徒学堂，为湖南官立技工学校之始。后又改为湖南中等工业学堂，仍设戥子桥。

1903 年 11 月，在张之洞等人的倡导下，清政府颁布《奏定学堂章程》(即癸卯学制)，正式将实业学堂纳入了学制。将实业教育分为三类：正式实业学堂（即艺徒学堂，初、中、高等实业学堂）、补习实业学堂和实业教员讲习所，并正式列入学制图，使新生的中国近代实业教育制度获得应有地位，正式成为教育体系的组成部分，这标志着我国职业教育制度的基本确立。从此，湖南各级各类教育得到较大发展，特别是实业教育最为突出。

1902 年夏，禹之谟在安徽安庆市设立阜湘织布厂，因开展革命活动遭到官绅忌恨，遂于 1903 年春在湘潭设织布厂，取名“湘利黔”，意即利于湖南民众。所生产的布匹，经过漂白印花、熨烫包装，跟进口的货色没有多大差别，因而深受市场欢迎，百姓争相定购。为了利于搞革命活动，这年夏天，禹之谟把工厂迁到长沙荷花池，扩大规模，添置了织布机和织毛巾的设备，多招收了一批艺徒，附设了一个工艺传习所，招收青年学生，教以简易的应用化学和制造藤、竹、木等新式家具的手工艺。他跟职工、学徒的关系，是以师徒的身份出现的。湘利黔织布厂，也是湖南轻工业最早使用机器的厂家，是湖南机器制造的开始。1903 年 2 月，禹之谟在长沙创办实业工场，并附设工艺学堂，是为湖南工场附设艺徒技工学校之始，也是全省技工学校之始。

1903 年，湖南设立高等实业学堂，初以贡院为校址。次年迁金线巷租民房为校舍。1906 年，迁至落星田原高等学堂旧址。先设预科，三年毕业；后设本科，四年毕业。1910 年，又附设实业教员讲习所。1912 年，改称湖南公立高等工业学堂。1914 年，更名湖南公立工业专门学校。1917 年，迁至岳麓山（今湖南大学校址）。1926 年，并入新成立的湖南大学。

1903 年，长沙出现民立第一女学堂，开设了裁缝、刺绣、家政等职业课程。

1903 年，龙绂瑞创办民立学堂，开裁缝、刺绣、家政等科。

1905 年，湖南巡抚端方出于“工商分离”的考虑主张专设农业学堂，8 月，继任巡抚庞鸿书在长沙北门外农事试验场创办湖南官立中等农业学堂，先后招收蚕科生、农科生和林科生。之前的农务工艺学堂改为艺徒学堂，后又发展成为湖南官立中等工业学堂。

1905 年，熊希龄和文俊铎创办醴陵瓷业学堂于醴陵姜湾，同时设立醴陵瓷业制造公司，作为实习场所。1906 年 2 月，改由省学务处主办，改名为湖南官立瓷业学堂，熊希龄任监督。1909 年，改名湖南省官立瓷业学堂。湖南制造细瓷及釉下彩瓷器自此始。1911 年并入高等实业学堂。

除省立、官立实业学堂外，其他县市也创办了一系列的官办和私立实业学堂。1904 年，熊希龄在芷江创办务实学堂，授养蚕缫丝技术。

在农业教育方面，1905 年，湘乡的李笃真集资开办农学馆；1906 年，长沙创办了湖南中等农业学堂；1909 年，龙汝翼等开办蚕业学社；1911 年，益阳叶名新、周吉侯等添办蚕业教育讲习所。

工业教育方面，1902 年，长沙开办工艺学堂；1905 年，胡光麟创办私立中等工业学堂；1908 年，宁乡柏姓家族开设厚生实业学校；1909 年，胡元倓开办的中等商业学堂，附设工艺学堂，为湖南省工场附设技工学校的开始；1909 年，常德戴丹成、杨仲达等在德山开办实业学堂；1911 年，谭延闿、龙璋等开办公立中等工业学堂。

商业教育方面，1909 年，胡元倓开办中等商业一科；1910 年，长沙创办了南云中等商业学堂，龙璋开办了一所中等商业学堂。

女子教育方面，1905 年，私立湖南明耻女子学堂开设艺术师范、缝纫、刺绣三科；1908 年，杨度夫人及胞妹组织了一家实业女学社；1909 年，刘生庸等创办含章女学堂；1910 年，湘潭县创办南路女学堂；1911 年，平江县学绅凌成义设立女式工业艺徒传习所等。

以上可见，晚清之际，湖南职业教育取得了重大进展，呈现一片实业之风和繁荣之景。湖南的职业教育与基础教育并驾齐驱，专业涵盖已具有一定的广度，如农林、医护、财会、陶瓷、湘绣、纺织、印染等专业，这反映了湖南农业和轻工业发展的客观需求。

二

楚怡工业学堂就是在这样的背景下应运而生。

1909 年 3 月，陈润霖开始筹建湖南私立楚怡初等工业学堂。1910 年，经湖南提使司批准设金工科，佃司马桥昭君祠为校舍。这是一个祭坛，面积仅 400 多平方米。而且佃约规定不得改变原貌。于是，只能以客厅作教室，祭坛作卧室，四分之三住学生，四分之一住职工，前厅作实习工场。1910 年 8 月，就是在这样艰苦的条件之下，湖南私立楚怡初等工业学堂开学了。

楚工开办金工科条件是艰苦的。因没有资金购买设备，设备都是从热心公益的龙研仙创办的开济轮船公司借来的，如手摇车床、虎钳等，自建和自制的设备有铁炉、卡钳、直脚规、铁锤等。所学课程，有基础课，有专业课，修业年限四年。

办学条件虽如此简陋，但师资却不简单，当时同赴日本学工业的吴伟常、成希文等陆续回国，都被陈润霖礼聘来校任教。

一所如此简陋的工业学堂，竟然有留学生来任教。从这一点来看，这所简陋的工业学堂的起点其实是非常高的。按照“所谓大学者，非谓有大楼之谓也，有大师之谓也”的标准，工业学堂便有了最核心的元素：大师。

正因为有大师和实习实训设备，这所“祭坛上的工业学堂”能够稳步办下去。

学堂急需扩大。陈润霖便向熊希龄写信请求帮助。熊希龄收到陈润霖的信后，即向湖南省政府争取支持。1911 年 8 月，湖南布政使司便拨稻谷仓制造局旧址给楚工作为校舍。

稻谷仓有破旧房屋 30 余间，虽然房屋破旧，但从祭坛到稻谷仓，学堂的办学条件来了一个质的提升。

此后，陈润霖乘机扩展，筹款陆续收购稻谷仓相邻三处基地。至此，起步才两年的楚怡工业学堂便有了像样的校园面积。

辛亥革命后，陈润霖被委任为湖南省的教育司长。学校由孔文达等勉力支撑。

1912 年，经湖南教育司批准，湖南私立楚怡初等工业学堂改名为湖南私立楚怡中等工业学校，转向民生必需的机械工业，金工科从第二班起正式改为机械科。楚工机械科早期的毕业生，很多成为早期纱厂的技术骨干。

三

辛亥革命前后，中国的矿产多由外国人开采。由于国人缺乏冶炼技术，东三省的矿多被俄国开采，山东的矿多被德国开采，仅上海、武汉两处被洋行所收买的湘矿契就达七八千份，湖南平江的金矿、常宁的锑矿也让外国人垂涎欲滴。到湖南来勾结的洋商达上千人之多。

为保护矿权，湖南成立了全省矿务总公司，将全省矿山地产全部购买，制定章程，照会各国领事，申请不管华人洋人来湘办矿，均需通过湖南矿务总公司，不得违越。因外国人不能买中国地产，中国卖地产均属非法，于是洋商湘矿契约一齐消没于无形。当时全国各省竞相效仿。矿权虽然保住了，却因缺乏矿冶人才，全靠聘洋人为矿师，经营效果一直不佳。长此以往，矿权终究难保。而要在湖南创立专门矿冶学校，一时难以办到。

见此情形，为了把采矿权牢牢掌握在国人手中，陈润霖决定开办楚工矿冶科。

早在 1908 年，湖南高等实业学堂（1903 年创办）首开矿科班，聘请外籍教师授课。可是，当时科举制度被废除不久，高等学堂的学生都是举人，擅长古文，却不懂数理化，对学工也没有兴趣。矿科班没有具备科学知识的生源，不久就流产了。

陈润霖的楚怡学校以“向科学进军”为宗旨，已经培养了一些具有科学知识的人才，举办中等矿冶科的人才条件已经具备，学校也是最有条件举办工科专业的。

于是，陈润霖连日找学校几个负责人商量开办矿冶科。

杨树达说：“欧洲战事已开始，这场战争已酝酿近十年。德国仗着军事和国力雄强，以为无敌于世界，早就想武装扩张，此番战端一开，必将愈演愈烈。战争是靠铁锑铅锌等矿产品支撑的，这些矿产品价格必然猛涨，这些矿藏湖南富有，如果我们不开发利用，必将为西方列强所掠夺。因此，楚工矿冶科非立即成立不可。”

丁壮猷说：“杨树达先生所言极是，成立矿冶科已是刻不容缓，化工科第一班已经毕业，化工、矿冶基础课有相通之处。关键是要找一位专家当科主任。”孔文达、魏浚明也表示同感。

不久，陈润霖物色到了楚工矿冶科主任，就是水口山铅锌矿及白银炼矿的总工程师陈文祥。陈文祥，字季云，贵州修文县人，毕业于日本东京帝国大学采冶科。

陈润霖背着包袱，翻山越岭，风尘仆仆来到衡山常宁水口山，请陈文祥出山。

陈润霖以前和陈文祥见过一面，这次见了，也不再寒暄，开门见山就说："请季云先生为楚工创办矿冶科。"

陈文祥听了并不惊讶，说："其实我也早就希望办一所矿冶学校，湖南大大小小百多处矿，还有许多尚待勘察的矿山，就只有我一名中国工程师。我感到势单力薄，真担心在我手中失去矿山主权。陈校长现在要办矿冶科，我举双手赞成！"

见陈文祥有这个态度，陈润霖高兴了。但陈文祥说："矿山离不开我，我不仅要负责自己的厂，还担任几十家小矿山的顾问，完全脱不开身啊！老兄，要不，你再找找别的人？"

陈润霖说："再找谁啊，你是最合适的了。学生到了你这里，就是最好的实战实习，不用模拟实习，更不必纸上谈兵。学生只有为干而学，在干中学，才能学到真本事啊！"

陈文祥点点头说："仁兄所言极是。只是，这得想个办法才行。"

陈润霖想了想，说："你看这样好不好，学生在长沙学一年基础课，然后到你这里上专业课，边干边讲，在干中学，你看如何？"

陈文祥的笑容舒展开来，说："如此甚好！"

楚工也因此创造了在干中学的先例。

这样忙的一个专家、企业家，根本不在乎再挣一份工资。但是，陈润霖要培养我国自己的采矿人才的理想深深地打动了他。陈文祥也想为国家多培养采矿人才。共同的理想使他们达成了一致。

陈文祥很快拟定了教学计划，专程考察了楚工化工实验室和图书仪器，列出需添置的教学设备清单，列出要开设的课程，交给陈润霖。

陈润霖一看课程设置，十分满意，觉得这才是专家办学。

陈润霖于是开始紧锣密鼓地筹备，召集孔文达、丁壮猷、魏浚明与陈文祥开会，分好工，相约定时完成，准备开学。

陈润霖继续让孔文达担任教务重任。教师队伍则以留日归国者居多，礼聘名师学者，丁壮猷、陈文祥、吴伟常、钟伯谦、成希文、李百葵等均被延聘到楚工，成为教学支柱。

1915 年，科举制被废除仅仅十年，读经尊儒依然是很多学堂的必修课，懂科学的生源极为罕见。陈润霖在办楚怡小学时，就提出“向科学进军”的口号，用科学知识培养学生，这样，楚工才有了懂得科学知识的生源。

向科学进军，就是陈润霖旗帜鲜明地向封建统治阶级罢黜百家、独尊儒术、千年神化的科举旧教育体系挑战。创办矿冶专业难度之大，可想而知，勇气之嘉，实堪钦佩。

陈润霖首先抓学校的硬件建设。1917 年，开始动工改建稻谷仓，拆除旧民房，建教学大楼。施工期间，教室暂在储英园，实习工场放稻谷仓。当时正值长沙城市改造，拆除旧城墙。楚工购得城墙大砖，用于建筑教学大楼。因受内战影响和资金短缺，四年后方竣工。由于财力维艰，在兴建校舍的几年中，曾多次组织师生参加劳动。这对加快建校进度，增强学生劳动观念，培养实干精神，均有实际意义。1922 年，稻谷仓新校舍初步建成，楚工迁往稻谷仓新校舍。

稻谷仓新校舍为西式三层教学大楼一栋，四周砖墙都是用城墙大砖砌成的，非常牢固。有教室十间，以及礼堂、办公室、实验室、仪器室、药品房、图书阅览室等。三楼则为教师住房。另外还建了个机械工场和一个翻砂、铸造厂房。至此，学校终于奠定基础，成为一所中等工业学校。而毕业生的能力水平，大都达到了高等工业大专院校的程度。

矿冶科开办初期课程十分繁重，专业课有的采用英文原著，例如定性分析、定量分析、矿石分析学、结晶学、非铁冶金学、矿床学等。英语功底不厚的同学难以跟上学习进度。加上教学采用日美教学方式，压力甚大。基础课进度也快，基于以上原因，退学者甚多。

矿冶科前后设置过下列31门专业课程：应用力学、投影画及制图、机械学大意、电工学、热工学、平面测量、分析化学、矿物学、采矿学、冶金概论、冶铁学、冶锑、冶铅、冶锌、冶钢、试金术、结晶学、地质学、岩石学、矿床学、探矿工程、矿山支护保安、凿岩爆破、选矿学、土木建筑、矿山及冶炼厂设计、工场建筑、运输转扬、通风排水、金相学、矿业法规。

自清末新学兴起以来，湖南教育主管部门较为重视兴办学校，对兴办的学校给予经费补助。特别是谭延闿力倡教育事业，据统计，1912年至1913年，湖南教育经费支出达200万块银圆，规定对私立学校也给予补助。据1919年9月《大公报》所载，楚怡学校每年连同小学所得补助共8000元，其中楚工占60%。由此可见政府对楚工的重视，也可见楚工的重要性。

清末兴学之初，官立学堂经费由省库支付，清光绪三十年（1894），湖南巡抚赵尔巽为谋求教育经费的稳定与减轻省库负担，经奏准改为从盐税附加中单列“学堂经费”一项，盐税附加作为教育专款从此而始。除了在汤芗铭与张敬尧督湘期间，教育经费被停发、克扣或减少外，其他时间都比较正常。特别是谭延闿督湘期间，教育经费大为增加。1920年，经熊希龄等力争，北洋政府批准，盐税作为教育经费立案，湖南成立教育经费保管委员会，陈润霖被推选为委员，负责主管此项费用。1933年，经湖南省政府批准将楚工矿冶、土木两科改为代用工业，教育经费获得增补。1931年至1936年，陈润霖的学生朱经农任湖南省教育司司长期间，楚工在政府补助上得到较大支持，因而是楚工最稳定、发展最快的时期。楚工成立矿业改进社，政府给予支持。由农矿部每月补助1000块银圆。

经营方面，如为长沙民众乐园、儿童游乐园承担设备安装和修理业务；

为锡矿山、水口山、新化地方小矿山提供技术支援。承担小型修桥筑路水利等工程项目、炼砷试验。设计制造铁木机器、铁木工业机械、压面机，设计造纸厂、榨油厂、小型工厂、电厂等，还开设商行。从经营收入的方方面面，可见楚工确实做到了教育与生产劳动相结合，楚工的师生是有货真价实的技术的。

因为楚工本科收费标准较低，学费收入在整个学校的经费中所占比例不大。为减少学生中途流失，楚工收费采取逐年递减制。据1919年《大公报》报道，学膳费，从预科到本科，每名学生四年间共收学费50元，实行按年递减。即预科16元，本科第一年14元、第二年12元、第三年8元。艺徒班不收学费，仅在入校时缴纳保证金10元，毕业后退还。但须在校服务一年，酌情给工资。膳食比照时价增减，一般每人每月3元6角。

湖南省政府代理主席曾继梧、湖南省政府委员曹典球、湖南省教育厅长朱经农、湖南省建设厅长余籍传都是楚工董事会董事。先驱教育家们各自惨淡经营，又互相支持，交叉出任董事。长期任楚怡董事长的曹典球，是文艺中学校长。在楚怡的董事中，胡元倓是明德中学校长，原任湖南大学校长。龙璋（字研仙）曾继任明德中学校长，成希文是省立第一工业学校校长，易培基是省立第一师范学校校长。

湖南的教育精英结成一股强大的社会力量，共同推动了湖南教育事业向前发展。陈润霖将这股力量凝聚起来，有力地推动了楚工的发展。

四

1921年，湖南全省大旱，史称“辛酉大旱”。陈润霖决定在楚怡学校举办赈灾会。陈润霖酷爱菊花，因此决定举办菊花展览，出售优质菊花来募捐。因为是赈灾，门票收入当然不低，特等票达100元一张，往下是50元、10元、5元。没想到一下子售了近万张门票。

楚怡学校还利用驱张运动时得来的弹壳，用机床在弹壳上刻上“驱张纪念”字样，做成工艺品卖，销售一空。

赈灾会很成功，各兄弟学校、社会团体、文艺界人士都来助赈，这成了湘中一大盛事。这增强了陈润霖的信心，以后不管有灾无灾，每年必定举行菊花会，菊花会俨然成了长沙市的一个“传统节日”。学生更是在这个一年一度的节日里，得到了美与爱的熏陶。环境育人，在这样优美、富有爱心、社会活动高端丰富的校园里，楚怡学生受到的潜移默化的影响是不言而喻的。

湖南的灾情也获得全国各地民众的同情和支持，全国各地支援湖南很多粮食，但是由于当时不通公路，运输十分困难。而帝国主义国家在发展本国公路建设的同时，却在觊觎着中国的路权。

陈润霖认为，一定要把修路权掌握在中国人手里。首先是赈灾的需要，其次是自己主动修路，早修公路，防止帝国主义国家来华抢夺路权。

修公路首先要有地形图，可是湖南省当时还没有路桥专业学校，没有测量人才，楚工矿冶科学生学过测量，却不是主课。

在此情况下，楚怡工业学校想尽快举办短期测量专修班。举办测量专修班也需要一流的学科带头人，这从哪里找呢？

正在这时，留学美国伊利诺斯大学土木工程系的学生余籍传回国。

陈润霖觉得请余籍传做学科带头人那是最合适的。

陈润霖找到余籍传，说：“我们现在办测量专修科，籍传兄能否挂个帅？”

余籍传说：“我是心有余而力不足，路局那边我都忙不过来。建议你们先办预科，土木科的基础课是同矿冶、机械科相通的，如数学、三大力学等。过一两年，留欧的那些学生回来，我的压力就减轻了。到时如果他们不能来，我一定来。”

陈润霖高兴说：“那就请籍传兄帮我们列个预科课程表，挂帅当个顾问，先帮我们把测量专修科办起来吧。”

余籍传说：“我可以挂着，但我不拿薪水，能做多少事尽力而为，因为时间太没有保证了。”

不久，余籍传不负顾问之名，除列出了办测量专修科的课程表外，还列出了教学必需的设备。

测量专修科很快筹备好了。

1921年的秋天，楚工面向平民的测量专修科正式开学。

楚工面向平民的测量专修科，为干而学，在干中学，快出人才，应了湖南公路建设的急。陈润霖这时着眼远景规划，给周凤九、钟巍写信，说了办土木科的计划，并委托他们采购教学设备。

周凤九是谁?

留法勤工俭学风潮起来后，楚工机械科主任欧阳骥已遵陈润霖嘱托办起了勤工俭学预备班。这天，楚工校友，后毕业于北大土木系的钟巍来到楚怡学校。钟巍也是五四运动中火烧赵家楼，痛击卖国贼曹汝霖、章宗祥的大学生之一。钟巍还带来了一个人，此人叫萧鉴秋，系涟源三甲人，刚从湖南高等工业学校毕业。两人都想赴法勤工俭学。陈润霖说：“好啊，我正想送些高学历的、基础扎实的学生去勤工俭学。”听陈润霖这么一说，钟巍、萧鉴秋又领来了十几名学生，其中一个叫周凤九，宁乡人，毕业于湖南高等学校土木科，当时在湘雅医院从事土木建筑设计，湘雅那些中西合璧的建筑就出自周凤九的设计。陈润霖说：“你已经受过高等教育，你主持建造的湘雅建筑闻名遐迩，为何还要勤工俭学呢?”周凤九说：“世界的竞争，实际是科技之争。即使先进如西方各国，一日不进，立形落后，我国绝不可固步自封。一有机会，便应该出去学学。如有可能，我还想再到其他欧洲国家看看，学点真东西回来。”陈润霖向他竖起了大拇指。于是，周凤九成了陈润霖资助的留法学生。

周凤九赴法后，于1920—1923年在巴黎土木建筑学校毕业。1923—1925年在德国柏林大学及比利时岗城大学进修，1925年回国。这时，测量专修科刚好办了一年。因余籍传毕竟只是顾问，陈润霖总是为没有学科负责人而感到烦恼。

周凤九学成归国后，第一时间便赶到楚怡学校向陈润霖报到，不用聘请，他已经把创办楚工土木科作为自己的首要任务。不仅买回了整套教学设备，而且还订了一个完整的办学计划。

周凤九对陈润霖说：“制约湖南发展的瓶颈在公路，而公路建设的瓶颈在人才，所以当前必须马上创建以路桥为主要特色的土木科。我国工业化即将起步，将来楚怡工业学校的土木科沿着这个方向发展，前途不可限量。”

陈润霖点头说：“周兄高见！有周兄回来，我的心就安定了！”

周凤九带回来的仪器，就是按此思路购置的，其中一台经纬仪，是当时湖南最好的。这是考虑湖南多带磁性的矿山，一般靠罗盘定位的仪器容易失灵。这台经纬仪可以依靠星辰辨别方向，在线路测量中有很大的优势。

1927年大革命失败后，全国的职业教育一落千丈，职业学校由七千多所下降到五百多所，且都是勉强维持。在这种情况下，办职业教育的希望十分渺茫，要不要办确实是一个问题。

一天，陈润霖在楚工召集会议，讨论楚工的发展问题。

陈润霖开门见山地说：“现在的时局非常动乱，武汉、南京血流成河，职业学校纷纷停办，我们楚工到底何去何从？请大家各抒己见，提宝贵意见!”

周凤九抢先发言，他说：“我认为楚工不仅要办下去，而且要扩大升级！机械科和矿冶科我没有发言权，我对测量科发表一些意见。测量科办了六年了，这六年来，每年培养几十名学生，完全供不应求。虽然学生只学一年，但他们发挥的作用，可以说已是湖南公路的先锋和骨干。他们不但测量，也做施工，还管技术。拉着驴子做马骑，这不能怪他们，只能怪没有人才！现在时局混乱，这也是国家进步中必然出现的阵痛。总的来说，时代在进步，人口在流动，物资在流动，运输工具在发展，汽车在不断进来，原有的马路肯定不适宜时代的需要，修公路是时代的必然。所以测量科不但要办，而且要升格为土木科，办成以路桥为主要特色。”

周凤九的发言激发了与会者的热情。

钟巍接着周凤九的话说：“凤九兄言之有理，楚工不应该随波逐流，我们要做逆向而生的中流砥柱。有凤九兄这样的名家牵头，我和鉴秋兄一干人积极帮衬、配合，楚工的土木科一定能够办起来，一定能够办起来!”

萧鉴秋也不甘落后，说：“干吧，不办也浪费了兄弟们在国外学到的一身本事。我们学到的土木专业知识，在国内很难找到用武之地，陈校长如果下决心把土木科办起来，我们也就觉得能够知识报国了!”

与会人员都表示赞同把测量专修科办成正式的土木科。

陈润霖甚感欣慰，他谋划了这么久、布局了这么久的规划，终于由这班让他等了这么久的人亲口说出来，还有什么比这更幸福的事呢?

于是，办土木科的事进入了正式筹备阶段。

1928 年 2 月，楚怡土木科开第 1 班。入学时虽然只 12 人，但这已经是一个美好的开端。后来有两人中途转学，三年后毕业的有 10 人。土木科 1 班在校时，陈润霖不定期来校上课，主要对学生进行爱国主义思想教育，语重心长，从多方面勉励学生努力学习，以天下兴亡为己任，为国效力。

围绕教育救国和工业救国这个主题，明确树立学习工科的基本指导思想。

周凤九是湖南省公路局的总工程师，并任湖南大学教授，工作十分繁忙。他为了创建楚工土木科，不辞辛劳，坚持自编讲义，按时到校上课，担任钢筋混凝土等科目教学。偶因工作繁忙或外出无法分身时，则利用假日召集学生到他的离校不远的兴汉门外私宅补课。其他专业课教师大多留学国外，或是省内外工程界、教育界知名人士，学识渊博。

楚工土木科力量很快壮大起来，同机械科、矿冶科鼎足而立。楚工特色三科格局就此形成。

楚工三科的形成，都是爱国的结果。

楚工三科的形成，也是楚工成为一所办学体制完备的工业学校的标志。

陈润霖淡泊名利，为了办好楚工，曾辞去许多重要官职。如1920年谭延闿请陈润霖再次出任湖南省教育司司长，1927年浙江省主席鲁涤平请陈润霖出任浙江省教育厅长，之后教育部请陈润霖出任江苏省教育厅长，陈润霖一律婉辞不就。他矢志办好楚怡，追求教育救国、工业救国的理想。

1928年，楚怡三校一园都办好之后，在楚怡小学的礼堂举行了一个隆重的开学典礼。三校一园的师生济济一堂，陈润霖把各位老师都请来坐在主席台上。这是楚怡的鼎盛期，也正值陈润霖壮年。他发表了热情洋溢的讲话，声如洪钟：

同学们、老师们！

楚怡的三校一园今天开学了，从此，楚怡从幼稚园、小学、中学到工业学校，连成了一气，只要踏进楚怡的校门，一直读下去，就可以走向社会，谋生、创业，为振兴民族和国家贡献自己的一份力量。楚怡欢迎大家！

现在，我要把楚怡的老师集中向大家介绍一下。

这一位是孔文达老师，长沙人，毕业于湖南优级师范理化科。孔老师与我志同道合，刚刚毕业就与我商量创办学校，并形成我主外、他主内的格局。所以，他跟大家打交道最多，他是我们楚怡的内当家。

这一位是李百葵老师，安徽定远县人，毕业于两江优级师范学堂理化科。这所学校是1906年创办的，与楚怡小学同年创办，是中国最早的师范学堂之一，由两江总督张之洞创办。李老师记忆力超强，对物理学理论造诣极深，他著有《物理学》一书。

这位是丁壮猷老师，攸县人，毕业于日本东京高等学校机械科，回国后即担任楚工机械科的主任，是楚工机械科的创办人之一。

这位是吴伟常先生，桃源人，他的父亲吴景鸿、叔父吴景潜先后留学日本，吴伟常老师也毕业于日本高等工业学校机械科。吴老师的父亲吴景鸿曾经是湖南省教育司最早的司长人选，还没任命，就被选为国会议员，所以后来让我成为第一任。他的叔父吴景潜先生一直在楚工教学，因去水口山工作，就把吴伟常老师推荐到了楚工，接替他的教学工作。

这位是陈季云老师，贵州修文县人，毕业于东京帝国大学冶金系，毕业后在湖南水口山矿务局任总工程师，工业救国的理想让陈老师从百忙中抽出时间来出任楚工矿冶科主任，并把水口山铅锌矿作为楚工矿冶科的实习基地。

这位是钟伯谦老师，耒阳县人，毕业于美国哥伦比亚大学等几所大学，毕业后在美国新泽西州炼锡厂任助理工程师，1922年回国后来到楚工任教。也是湖南大学教授。

这位是周凤九老师，宁乡人，先后毕业于法国巴黎土木建筑学校、德国柏林工业大学、比利时国立岗城大学土木工程系。回国后任湖大教授、湘中汽车路局工程师。周先生支持楚工办学，牵头创办楚工土木科。

这位是萧鉴秋老师，新化人，毕业于比利时国立岗城大学土木工程系，去年回国后，任湘南路局汽车工程师，负责修筑衡郴公路。萧先生支持楚工，来楚工任教。

这位是王正己老师，长沙人，毕业于北洋大学，1922 年参加修建湖南省第一条公路——长沙至湘潭军路工程，后任长沙市政筹备处总工程师。王先生热心教育事业，来到楚工任教。

……

还有一位没能来到开学典礼现场的熊希龄先生，给大家介绍一下。他是凤凰县人，曾经考中状元，但先生致力于变法和新学，曾于 1906 年创办醴陵瓷业学堂及附属瓷业制造公司，把醴陵陶瓷推向了世界。曾任国务总理。先生大力支持楚工办学，曾带头捐资购买了稻谷仓制造局全部股份，把稻谷仓给楚工办学，并把他在华昌公司的全部股份捐给楚工，这些经费成为楚工重要的常年经费来源之一。熊希龄先生是楚工的大恩人。

同学们！楚怡的老师不为名，不为利，在百忙之中抽出时间来楚怡教学，甚至捐出自己的全部身家办学，他们不为别的，只为培养出爱国、救国、为国献身的下一代。民族和国家的昌盛，是我们共同的理想！

会场上顿时响起了经久不息的掌声！

第六章 润物无声

一

辛亥革命后，陈润霖被任命为湖南省第一任教育司司长。此时，楚怡小学已经步入了健康发展的轨道，但楚工开学还不到两年，还在起步阶段，千头万绪，根本脱不开身。立志一生致力于教育的陈润霖，也喜迎新时代的到来，对此管教育的“官”职表示暂时接受。

第二年即 1913 年，省政府决定创办一所新的师范学校，定名为湖南省立第四师范学校，任命陈润霖兼任校长，负责筹办。

万事开头难。

陈润霖厘定章程着手创办。1913 年春，章程厘定之后，陈润霖开始认真招收学生。

历史让陈润霖遇到了毛泽东。

1913 年春开始，毛泽东在湖南图书馆读书自修，同时也在寻找合适的求学机会。一天，毛泽东看到湖南省立第四师范学校招生广告：

望愿为造福桑梓之有志青年，欢迎报考湖南省第四师范学校！

本校监督（校长）陈润霖先生，为本省原学务司长；经文教习（即现今的老师）袁仲谦先生，前清举人；教育修身教习杨昌济先生，留学日本英国学士；历史教习黎锦熙先生，系长沙报馆总编……

毛泽东后来回忆进四师的“大背景”时说：“这时我没有钱用，因为家里不给我金钱，除非我进学校……同时，我恳切地考虑了我的‘职业’，并以为我最适宜于教书。于是我又开始留心广告了。”“我注意到湖南师范学校（四师）的一个动人的广告，我高兴地读了它的优点：不收学费，膳宿费很便宜。……我将自己的意志写信给家里，得到他们的同意。”

毛泽东看了这张语言朴实无华的招生广告，宗旨明确，特别是校长和老师的声誉，在他脑海中升起希望的曙光，马上找他当时在第一师范任教的“九哥”王季范先生咨询。王季范听了很高兴，说：“这是一所新办的学校，有新特点、新气象；不像第一师范，要经县里推荐，而是可以直接报名。这免了你回湘潭县考一次；再有，该校从监督到教习都是名家……”

毛泽东听了，更加动心。于是毛泽东就报考四师。当时该校新办，只招 45 人，却有 100 多人报名。负责报名的老师听了毛泽东一口湘潭话，就说：“你是湘潭人？我也是湘潭人。”

毛泽东问：“先生贵姓？”

先生说：“我叫黎锦熙。”

毛泽东多年来有喜欢看报的嗜好，听了黎先生自我介绍，大吃一惊，说：“久闻先生大名，我是您的报刊的忠实读者，早就是您的学生，没有想到您亲自负责招生。”

黎先生听了，笑着说：“你可能更没有想到，在门口给你们发报名表的这位先生，就是我们校长陈润霖先生。”

因报考的人多，毛泽东没有注意发报名表的人；经黎先生介绍，抬头重新打量这位先生，先生身着一件粗布旧棉袍，双眼炯炯有神，和蔼可亲，笑迎报考学子。毛泽东心怀无限敬意，马上走到他身前，恭恭敬敬行礼，说："刚才学生两眼不识泰山，愿为您膝下受教，学生叫……"

陈校长插话："你叫毛润之。"

毛泽东更好奇问："先生怎么认得我？"

陈校长说："你刚才自己在表上写的呀，还有你身上穿的是你母亲缝制的衣服吧！……"

陈润霖如此关注学生的一举一动，让毛泽东十分惊讶。

这次入学考试，作文题是校长陈润霖所命，题目为："以'先天下之忧而忧，后天下之乐而乐'之观，试论教习之职。"

当时主考阅卷的老师是袁仲谦先生，凭着他渊博学识和多年教学经验，将毛泽东列为第一名，送校长陈润霖先生审查。陈校长看了毛泽东的作文，喜从天降，在试卷上欣然命笔，题曰："挽天下于危亡者，莫非斯人乎？"

从此，毛泽东在陈润霖先生引导下进入师范教育的大门，成为陈润霖先生门下一名学生。

毛泽东读书特别肯动脑筋，喜欢提问题，经常使老师一时回答不清，引起师生之间的不快；甚至有人认为是"调皮捣蛋"，因而招来不少非议。于是，毛泽东对陈校长深深鞠躬说："对不起。"

陈校长说："人非生而知之。学有先后，各有所长。有学生问倒老师，是老师的福，老师才可以避免船到码头车到岸，停滞不前。这就叫做'教学相长'。你问倒了我，不是出我的丑，而是督促我继续学习，对不起的不是你，而是我。"

第四师范的条件比较差，只租用一栋民房办学，但师资力量很强，杨昌济、徐特立、袁仲谦、黎锦熙等都在此任教，毛泽东每天认真听课，认真自修，大量地读报看书，争分夺秒地学习，写了大量的读书笔记。著名的《讲堂录》就是毛泽东在1913年10月至12月做的修身课和国文课听课记录。

1914年春，湖南四师并入湖南一师，陈润霖辞去省教育司司长之职。五四运动爆发后担任湖南教育会会长的陈润霖，以省教育会的名义发表文章，公开支持毛泽东领导的学生运动，在楚怡学校为毛泽东提供一间房子。毛泽东为了便于领导运动，住到了楚怡学校，楚怡学校成了湖南全省驱张运动指挥中心。陈润霖支持驱逐军阀张敬尧，为此，还被张敬尧暗中抓捕，陈润霖只好秘密前往北京避难。陈润霖一走，毛泽东成为驱张运动的领袖，并成功将张敬尧驱逐出湖南。

陈润霖是教育界的名流，主张思想解放，于1919年6月创办了学校团体健学会，宣传“社会主义”的“哲学思想”和“人生观念”。对当前我国教育改革中如何加强“德育”的课题研究仍具有深刻借鉴和启迪作用。因此，毛泽东当时对陈校长创立健学会予以很高的评价，在《湘江评论》上发表了著名《健学会之成立及进行》一文，从“健学会以前的湖南思想界”的“黯淡已极”，阐述当时健学会成立的深远历史意义，其中对健学会“采用正确健全之学说，而为彻底之研究”的“自由讨论学术”，大加称颂：

> 在这么女性纤纤暮气沉沉的湖南，有此一举，颇足出幽囚而破烦闷。东方的曙光，空谷的足音，我们正应拍掌欢迎，希望他可做“改造湖南”的张本。

其中“东方的曙光”的“东方”，既指太阳升起的方位，又是指中国在世界的方位，“曙光”，指破晓阳光，比喻光明和希望，所以“东方的曙光”是指陈润霖创建健学会的创举给中国带来光明和希望；“空谷的足音”，语出《庄子·徐无鬼》中“夫逃虚空者，……闻人足跫然而喜”，“空谷”是指空虚荒凉的山谷，比喻社会腐败、黑暗，“足音”比喻极难得的可喜音信。这是对陈润霖先生创办健学会，倡导“注入哲学思想、人生观念，使旧思想完全变换”创举的高度赞扬；“张本”，指预为布置，为将来行事作准备，或为事态发展预设伏笔之意，所以“可做‘改造湖南’的张本”，高度概括其现实意义和历史意义。

更可贵的是，陈润霖率先垂范，在健学会同仁中极力宣传新文化运动，联系实际，特别是他从“注入哲学思想，人生观念”的教育思想出发，引导同仁和他的师生关心国家命运和民生，在反帝反封建斗争中，学习和运用“哲学思想”，体验“人生观念”，树立爱国爱民的人生价值观，积极投入毛泽东发动和领导的湖南驱张运动，并成为其中一支势不可挡的巨大力量，更使他领导的楚怡学校的教风、学风为之一新，而蜚声省内外。

健学会成立后，每周日进行演讲，宣传进步思想和理念。一开讲，前来听讲的挤满了储英园小巷。《大公报》将演讲稿连载，使得报纸销量大增。

1920 年 7 月 7 日，毛泽东从上海途经武汉回到长沙。陈润霖先生闻讯，率楚怡师生代表在火车站欢迎他心目中“挽天下于危亡”的英雄到楚怡学校任教。毛泽东被聘任为楚怡主任教师，月薪为 80 银圆，在行动上和经济上支持毛泽东宣传新文化运动和俄国十月革命。

毛泽东于 1920 年 9 月 9 日发起成立文化书社。凡文化书社经销的书刊，如《向导》《中国青年》《先驱》《新青年》《新生活》《新教育》等，陈润霖让楚怡学校贩卖部都代销。文化书社存在了 7 年，陈润霖就支持了 7 年。文化书社向湖南人民吹响了开展新文化运动的号角。

1920 年 10 月，毛泽东和杨开慧结婚，陈润霖是杨开慧父亲杨昌济先生的密友，特地作为他们新婚的证婚人出席。

1926 年，毛泽东任中共中央农委书记，发动领导当时震惊世界的农民运动。1927 年 1 月，毛泽东回湖南进行农民运动考察。一到长沙，毛泽东就去拜会他的老师。在拜会陈润霖先生时，陈润霖特别高兴，邀请他给楚怡学校师生作报告。报告会上，陈润霖介绍毛泽东发动领导“驱张运动”，长沙泥木工、京汉铁路工人、安源路矿工人运动的业绩，全校师生掌声雷动，欢迎毛泽东讲话。

毛泽东的报告，开场白是：“陈校长是我的老校长和恩师，从 1913 年开始至今，已有 14 年之久，如果我为国家作了一些事，与陈校长教诲分不开。我们老学生称他是‘东方的曙光，空谷的足音’。我们就是在他的‘曙光’照耀之下，踏着他的‘足音’前进。因此，首先我借此机会，感谢陈校长教诲之恩。”说到这里，毛泽东像当年报考第四师范时那样，深深向陈润霖先生鞠躬。毛泽东尊师的风范，深深感动了陈校长，刹那间眼角上充满喜悦的泪花；也深深感动了在场的师生，全场爆发了经久不息的掌声。然后，毛泽东简要介绍当时革命大好形势。最后说：“我祝愿陈校长身体健康，祝愿楚怡全体师生，乘陈校长的‘曙光’，踏着陈校长的‘足音’，奋勇前进，争取新的胜利！

毛泽东这次在楚怡作报告，用现身说法，颂扬陈校长办教育的思想和精神，进一步点燃楚怡师生心中革命烈火，迎着陈校长的“东方的曙光，空谷的足音”前进。后来，楚怡很多师生，在陈校长的鼓励和号召下，跟随毛泽东和中国共产党，为推翻封建主义、帝国主义的统治，为新中国诞生，前赴后继，浴血奋斗。

1930 年，湖南反动军阀何键，贯彻蒋介石的“宁可错杀一千，不许误留一匪（指共产党员）”的法西斯屠杀政策，镇压中国共产党领导的革命志士，将毛泽东夫人杨开慧逮捕，欲将其杀害。陈润霖冒着生命危险，深入虎穴，面见何键，愿以自己的生命担保杨开慧出狱，以死相救。杨开慧烈士壮烈牺牲后，陈润霖冒着生命危险帮助杨家安葬烈士，抚恤烈士的子女。

1935 年 7 月，彭德怀率红军三军团攻下当时反动军阀何键盘踞的湖南省会长沙。受毛泽东委托，彭德怀代表工农红军和毛泽东，拜会湖南教育界名师，其中特地拜会陈润霖，并捐赠办学经费 400 银圆和没收的大量图书资料。

1937 年，西安事变，国共两党联合抗日。时任中共中央宣传部副部长的徐特立，先后两次从延安回湖南宣传抗日。毛泽东特地委托徐老，看望他在湖南的老师。徐老先后两次代表毛泽东拜会陈润霖，一次赠送毛泽东自己亲手栽种的“延安大红枣”一包，以表敬意和问候；一次赠送毛泽东《论持久战》一书，戏称是陈校长当年布置的“作业”。陈润霖如获至宝，不仅自己反复阅读，而且将该书文字翻印，发给每个楚怡师生，作为“注入哲学思想、人生观念”的教材，组织深入研究讨论，激发师生树立抗日必胜的信心和爱国热情，投入“挽天下于危亡”的抗日救国战争的历史洪流之中。1938 年，日军逼近长沙后，陈润霖因坚信毛泽东的持久战思想，早做筹划，把楚工的重要设备转移到了新化，后来在新化白沙洲建设校园，做长期办学的准备。

1945 年 8 月，抗日战争取得最后胜利。陈润霖立即致电“挽天下于危亡”的毛泽东，盛赞这一伟大胜利是“中国的曙光，中华民族的足音”。不久，蒋介石邀请毛泽东去重庆谈判。陈校长又一次致电毛泽东：劝喻以“不入虎穴，焉得虎子”胆识，而“力挽天下于危亡”。

二

1930 年 6 月，楚工矿冶科 35 班毕业时，一个叫管美的毕业生着装整齐地来到校长室，见到陈润霖，毕恭毕敬地向陈润霖鞠了一个躬，然后神情激动地说："陈校长好！我在楚工三年，是我一生最重要的三年，我学到了有用的知识，学到了有用的本领。楚工是所好学校，遇到楚工，是我一生的幸运！"

陈润霖招呼管美坐下，给管美倒了一杯茶，亲切地说："管美，你一进校时我就记住了你的名字。"

管美开心地说："您不常在校，学校几百人，您却记住了我的名字，真让学生感到荣幸！"

陈润霖说："不必荣幸，我这不是对你的专宠，学校每一个学生的名字，我都记得。"

管美忽然俏皮地说："陈校长知道我的名字，那知不知道我的家乡呢？"

陈润霖笑着说："你的家乡我还真不知道，但我肯定你是湖南人。"

管美说："陈校长，我是祁阳上黄市人，祁阳有铜、铅、锌、金、银、钨、锡、钼、锑、汞等10种矿藏，今后，祁阳也是我和同学们的用武之地呢！"

陈润霖高兴地说："管美你学成致用，家乡在你眼里全是矿藏了，真是难得，我相信你今后必有所成。"

管美更开心了，说："能在校长的心花中占有一瓣，我会对母校更感恩！我真的好舍不得离开母校，我想和陈校长来一个十年之约，如果十年后我干出了像样的成绩，我也要回到母校当一名老师！"

陈润霖激动地站了起来，说："好！管美，我会经常关注你，两点希望：一是希望你能够继续深造，学到更丰富的专业知识，掌握更过硬的专业技能。二是希望你能够在实践中干出成绩，我等着你传来的捷报。十年之后，我一定邀请你回校任教！"

说着，陈润霖握着管美的手，管美双手紧握，热泪夺眶而出。

管美果然不负众望，第二年考入湖南大学矿冶系，1935 年毕业时，取得全班第一的好成绩。

湖大毕业后，管美在广西平桂矿务局及炼锡厂任助理工程师，工作成绩优异，特别是在炼锡厂时，为锡的金属平衡作出了创造性的贡献。

1940 年上期，陈润霖没有忘记与管美的十年之约，给管美写了一封信：

> 亲爱的管美：还记得我们的十年之约吗？你毕业后所取得的成就，母校的师生都知道了，大家为你高兴，你是母校的骄傲！你正在相对安全的大后方，干着驾轻就熟的技术工作，你的工作是很有意义的，我相信厂里也是舍不得你的。在这个时候，我如果一意要你履行我们的十年前之约，是不是显得我太自私了？当然，为民族育才，也是意义重大的。母校非常欢迎你回来任教，培养更多的如你一样的优秀人才！

管美接到陈润霖的信后，满眼含泪读完。他没有想到陈校长真的把一个学生的话记在心里十年整，这让他太感动了。于是，他毅然辞去所任职务，从广西不远千里，跋山涉水，冒着生命危险，通过几个敌占区，来到新化白沙洲楚工校园。

陈润霖闻知管美来到，亲自到资江河边码头上迎接。一见面，两人紧紧拥抱在一起，就像一对忘年的兄弟。

管美在楚工任教尽职尽责，一天十几个小时与学生打成一片，答疑解惑，教学生动手操作，不厌其烦，与学生建立了深厚的感情。

1941 年，管美服从抗战需要，参加了当时政府选拔人才的文官考试——全国高考，以优异的成绩高中。

但管美并没有马上离开楚工，而是继续坚持兢兢业业地任教。直到 1942 年，重庆通知他先在中央训练团集训，然后安排公费去美国深造和考察，管美这才赴渝受训。

不幸的是，在重庆受训行将结业时，管美患病了。训练班让管美回湘疗养。但抗战时期，交通不便，还要通过多个敌占区。由于带病长途跋涉，11 月中旬辗转回到祁阳时，管美已经病入膏肓，数日后不幸逝世。

管美先生不幸逝世的消息很快传到新化白沙洲，陈润霖和全校数百师生不胜悲痛！1942 年 12 月 20 日，楚工在大礼堂举行管美先生追悼会。花圈不计其数，大礼堂内外都摆得满满的，礼堂四周墙壁上挂了 19 幅挽联，高挂在管美先生遗像右侧的第一副挽联为陈润霖所撰，联曰：

早知造谊有专门，冶锡冶金，方谓归来能助我；
总是才华难寿考，斯人斯疾，那堪老去为伤神。

三

1940 年春的一天下午，陈润霖刚刚坐船从白沙洲来到新化县城的陈家大院，门外便传来了一个熟悉的声音：“夙荒兄！你回来了！”陈润霖一听，是曾广济的声音，连忙起身相迎。

曾广济是积极支持楚工办学的，如果没有曾广济相助，楚工迁来新化时，难以找到安身之所，后果不堪设想，可以说他是楚工的恩人。

曾广济 1925 年考入天津国立北洋大学。1927 年春，经李立三、恽代英介绍至武汉国民政府军事委员会政治部党务股工作，是年秋，因汪精卫发动反革命政变撤离，寓居汉口鹦鹉洲。1930 年返籍，在家乡维山开办补习班。1931 年，县城私立上梅中学筹办，曾广济为该校校董会成员，公推总揽校务。1938 年 01 月 28 日，曾广济等创办《野炮周刊》宣传抗日。曾广济是新化维山人，与曾继梧是一个乡的。曾广济与陈润霖一样，也以致力办教育为己任。陈润霖虽然长曾广济十一岁，但对这个老弟格外尊重。

“是广济兄吗？快请坐，请坐！”陈润霖迎出门来，见来的不是一个，而是两个，曾广济还带着一个年轻的后生。

曾广济说：“这就是我常跟你说的陈润霖伯伯！”

“陈伯伯好！”

陈润霖连忙伸手握住了这个年轻人的手，问道：“你是？”

曾广济说：“这是我的外甥王柱湘，在湖南大学任教，由于日军进攻长沙，学校停课，我就想到你这里有矿冶专业，正好用得着，就把他带来了。”

陈润霖大喜过望：“知我者，广济兄也！我现在正是用人之际，新化地处偏僻，优秀教师极难寻觅，你这是雪中送炭，又一次帮了我的大忙！”

第二天上午，王柱湘便跟陈润霖一起坐船来到了白沙洲校园。陈润霖听了王柱湘一节课，听完后，频频点头：“后生可畏！后生可畏呀！楚工正是需要你这样的优秀教师。”陈润霖给王柱湘安排住处、伙食。在教师例会上，热情地介绍王柱湘。

一段时间以后，王柱湘和学生建立了深厚的感情。王柱湘不仅知识讲得透彻，容易理解，而且实操能力非常强。做化学实验时，那么多管子、瓶子，他拿起放下、倾倒灌入，熟练得如庖丁解牛，量试剂时，他又如一个卖油翁，分毫不差。学生对王柱湘十分佩服。

一个月后，陈润霖在签发工资表时，发现王柱湘的工资比别人低了一大截，忽然想到，王柱湘是来代课的，也就是临时老师。

为了让王柱湘安下心来，长期在楚工工作，便把王柱湘的工资改成与正式职工一样，享受同等待遇。王柱湘感到十分温暖。

可是王柱湘只上了三个多月，便接到了湖大的通知，让他回湖大上课。

接到通知后，王柱湘非常纠结，一方面，楚工重视他，他和学生也建立了十分好的师生关系，在楚工工作温暖而愉快。而长沙毕竟是大城市，而且第三次长沙会战后，日军并没有把长沙攻下来，此时的长沙相对还是安全的。在大城市生活毕竟更方便，而且湖大毕竟是一所久负盛名的大学。

王柱湘纠结了好几天，照样认真上课，与学生打成一片。他不忍心向关心、重视他的陈校长辞行。

陈润霖得知后，特意在新化县城摆了一桌大酒席，用船载着王柱湘和几个同事来到新化，把曾广济也请来了。

他是特意为王柱湘饯行的。

坐在这么一大桌席上，望着那么多同事和长辈，王柱湘心里顿时有一种“背叛”之感，不好意思看陈润霖。

陈润霖端起一杯酒，站了起来，说：“今天，王柱湘老师要回湖大任教了，这对楚工当然是巨大的损失，可是，楚工是国家的楚工，楚工是抗战的楚工，不是我陈润霖个人的楚工。王老师在楚工是为国育才，到湖大也是为国育才，在楚工是为抗战服务，到湖大也是为抗战服务。我们为王柱湘老师感到高兴！阳光总在风雨后，抗战一定会胜利的，我们一定还会再相会！我提议，我们为王柱湘老师一路平安干杯！”

说完，一饮而尽。

王柱湘此时已是泪流满面，他声音哽咽地说：“我相信楚工在陈校长的领导下一定会越办越好！我也希望我还有为楚工再次服务的机会！”

王柱湘没有说错，后来，王柱湘带领湖大矿冶科的同学在祖国的各大矿山实习、工作，湖南的学子经常与楚工的学子一起共事，一起攻关，谱写了一曲友好合作、共同攻关的佳话。

第七章 求知创业

一

楚工的同学在学校是怎样一种学习状态呢？让我们来看几个场景：

场景一：钳工第一课

楚工的实习工厂内，段老师拿起了一个黑疙瘩，把同学们的眼光一下聚了过来。这是钳工第一节实习课，老师到底会讲什么呢？

段老师说："同学们，你们看，这是什么？"

"这是焦煤！"一个高个儿同学抢先说。

段老师笑了，说："继续猜！"

"这是烟煤，烧起来会冒烟的煤。"一个胖胖的同学说。

"不是，哪有煤烧着了冒烟的？只有木柴烧着了才冒烟，煤烧燃后只有煤气，煤气会让人中毒！"

……

段老师笑了："同学们，我们是上钳工课，不是上矿冶课，我会给你们拿一块煤来上课吗？"

同学们恍然大悟。

一个叫张之鹄的说："老师，我知道了，这是一块铁疙瘩！"

同学中发出惊讶的叫声："铁疙瘩怎么长得这么崚嶒？"

段老师笑了："张同学说对了，这就是一块铁疙瘩。"

段老师把铁疙瘩放下，转身从身后的工具箱里拿出一砣方形铁举起来。

"同学们，这个认得吧？"

大家都笑了："这就是一个四方铁砣砣！"

段老师说："对了，这就是一个四方铁砣砣，但这个铁砣砣有什么特点？"

"是个正方体，每个边等长。"

"还有呢？"

"每个面都光滑。"

"有几个面？"

"六个。"

"有几条边？"

"十二条。"

……

"好啦，同学们，这节课我们的任务明白了吧？"

说着，段老师又从地上捡起那块铁疙瘩，一手拿着铁疙瘩，一手拿着铁正方体，说："这节课我们的任务就是把这个铁疙瘩锉成这个正方体，要求就是六个面都要光滑，六个面与面之间都要成直角。现在，各忙各的。"

同学们各从老师那里领了铁疙瘩，领了锉子，到自己的工位上忙开了。

有的一边锉一边兴奋地说："同学们，这个太简单了。"

"这个容易，不就是一个四方体吗？简直是小儿科。"

"那是的，你看，我眯着眼睛都能锉好，只要睁着眼睛量一下直角就行了。”

看到有的同学出现轻视的思想，段老师及时提醒：“同学们！不要掉以轻心，把每一件简单的事做好就是不简单，把一件平凡的事做好就是不平凡，我们一定要静下心来，认真锉。”

同学们安静了下来，段老师不时地走到同学们中间巡视、指导。

一个小时左右，第一个同学站了起来，说：“老师，我锉好了。”

段老师走过去接过来一看，用直角三角形把每条边每个角量了一遍，露出了满意的笑容。

陆陆续续有同学交了满意的作业，可是还有几个同学总是锉不好，要不就是面不光滑，要不就是成不了直角，急得满头大汗。

段老师说：“你们不要急，先锉好的同学，去指导一下还没有锉好的同学。欲速则不达，心静活就细，心一定要静下来，这还是起点，刚刚入门，以后还有许多更难的作业。”

同学们听了老师的话，安静下来，细心地锉，终于把四方体锉好了。

机械科的张之鹄同学对这第一节课印象很深，数十年后还写文章回忆。

机械科 16 班毕业的吴先根回忆，学校要求学生手脑并用，一开始就要上实习课、实验课和制图课，车、铣、刨、钻等金工、木工，还有钳工、铸工、锻工等都要学，指导老师大都是有实际经验的工人师傅，手把手教，要求很严。楚工也注重参观见习。

机械科 13 班郑兆熙回忆，楚工的实习工场内，有木工模型、铸造、机械加工、钳工、动力机械等部分。动力机械有柴油机和德制 40 马力的煤气机各一台，锻造机械有 65 公斤空气锤一台。因工场缺少牛头刨床，13 班同学利用 1932 年暑假间进行实习，大家动手，为学校制造一台牛头刨床，铸件坯料全部在暑期内完成，相继在实习课时完成机械加工任务和装配，在 1933 年投产运行。当时是游和熊老师担任工场主任，游老师是“利济车”

（即水上脚踏车）的发明者。1931 年 13 班毕业前夕，学校组织该班学生到汉阳兵工厂参观，学生参观了设计室和各分厂，分厂是按产品划分的，如枪、炮、子弹、火药、白药，他们参观了从原料到成品直至打靶试验的检验过程。在火药厂参观时，学生才得知火药是由棉花处理而制成的，他们才认识到棉花是国防原料。

场景二：物理课

上课的钟声响了，只见一个身材高大魁梧的老师走了进来。他没有带讲义，也没有带什么教具，但他满面笑容。所以当他走进教室，同学们以为进来的是一个和善的工友。有些同学发现他上衣口袋里插着几支粉笔，这才意识到他是一个老师。

“起立！”

“同学们请坐！”

“同学们！我叫李百葵，学校安排我跟大家共同学习物理。物理学起始于伽利略和牛顿的年代，它已经成为一门有众多分支的基础科学。物理学是一门实验科学，也是一门崇尚理性、重视逻辑推理的科学。物理学充分用数学作为自己的工作语言，它是当今最精密的一门自然科学学科。今天这节课，我们学习空间尺度。”

说着，李老师在黑板上画了人蛇吞尾图。

画得真好，一丝不差。

同学们露出了惊讶的表情。

李老师平静地说：“人蛇吞尾图形象地表示了物质空间尺度的层次。”

……

以后，李老师上课时，走上讲台第一句话，就是“把书翻到第某某页”，这简直成了他一成不变的开场白和习惯用语。如遇教材有错别字，接着就提示“顺数（或倒数）第几行第几字错了，把它改过来。”他讲课简明扼要，用语不多，既围绕教材内容，又不照本宣读。深入浅出，思路清晰，容易理解，便于记忆。讲完后，就在黑板上写学习要点的笔记，排列有序，条理性强，写满整个黑板。待学生抄完后，接着就从已写过的内容中，东擦去一则，西改换一段，真像魔术师变戏法一样，很快变换成新的不同内容，让学生继续抄录。他不断给人一种新鲜感，激起学生极大的学习兴趣。他这样一讲一抄，学生就需要耳、手、眼、心并用，学生的思想就始终处于高度集中的状态，根本无法开小差。

物理学中的电学一章是比较难理解的，李老师在解释欧姆定律时，就以水做比喻，他说，电与水有些相似的地方，如有电源、电压、电阻，水也有水流、水压、水阻，水流的大小与水压成正比，与水阻成反比。同样电流的大小与电压成正比，与电阻成反比。由于水是能用眼睛看得见的，所以同学们一听就理解了。

他实际讲课占用的时间并不多，而效果却特别好。听李百葵老师讲课，简直成了一种精神享受。很多同学对李老师的课印象很深，楚工机械科 35 班的张革非在半个多世纪后还撰文回忆。

陈佐虞老师教机械原理，讲课时铿锵有力，论证有理有据，有个别学生学习进度慢些，他就不厌其烦地反复讲解。谆谆教诲，直到学生全懂而后快。工厂实习是机械科的主修课，每周 8 小时，锻、铸、木、钳、车五个工种分阶段学习，有辅导老师辅导，还有工人师傅帮助。

吴伟常老师自编的《水力机械》讲义，字是用墨写的，那一幅幅轴流式水泵、多级水泵插图，都是五十多岁的吴老师戴着眼镜用墨笔画出来的。机械科 38 班的李仲奇见了，大为感动：这哪里是墨汁，这蘸着的分明是吴老师的血和爱啊！吴老师与学生同吃同住，白天在车间里来回指导学生实习，晚上与学生同睡在屋顶阁楼的楼板上。

场景三：土木科的选矿课

上课了，只见一个中等个子、表情严肃的老师走了进来。大家事先知道了钟伯谦老师是湖大的教授，哥伦比亚大学毕业的。

果然，他上课不同凡响，他的口述、板书全是英文。就像一个长着中国脑袋的外国人。同学们傻眼了，就像听天书。

“老师，您讲的英语，我们听不懂。”

“老师，您可不可以不要对牛弹琴。”

钟老师停了一下，然后还是用英语说，大意是：“大家不要急，只要认真听，尽量记，就会适应的。我教过很多班，他们后来都能听懂。”

同学们毕竟学过英语，而且是英语专家杨树达先生教的，英语还是学得不错的。所以，钟老师的这几句话，大家都听明白了。

但一年级新生此时英语课上得还不多，一些专用术语还是没有办法听懂。

“老师，您可不可以尝试着用汉语讲？”

钟老师发了一会儿呆，还是用英语说：“汉语我可以讲，但用英语讲得更准确。既然大家要求，我就试一试吧。”

于是，钟老师改用汉语给大家上课。

台下更是一片哗然。

“老师，你这是哪个国家的汉语呀？”

有同学笑问。

“我这是耒阳的汉语。”

钟老师笑着说。

“这比英语更难懂呀！”

钟老师双手一摊：“那怎么办呢？你们到底是听英语还是听汉语？”

同学们也一时没了主意。

突然，一个同学站了起来，大胆建议说："老师，你能不能讲一遍英语，再讲一遍汉语，中英文对照，等我们慢慢适应了，英语水平提高了，你再全部用英语讲。"

"这个建议好！"

从此，钟老师上课，一遍英语、一遍带着浓浓耒阳腔的汉语。

同学们很快就适应了。

钟老师非常强调理论与实践的结合，高年级学生寒假都必须下厂矿实习，学理论课后要到校实习工厂实习。学生学选矿法时，楚工的选矿机因故没有启动，钟老师就主动安排学生去湖大选矿分厂实习。那时，从稻谷仓到湖大将近 20 里，来去得步行，还要相应安排生活，调整一天的课程，并非易事。

钟老师还要在湖大上课，工作很忙，偶尔楚工的课没有赶到，钟老师便找其他时间补上。

矿冶科的刘勤有一次找到钟伯谦老师联系补课事宜后，钟老师送他出门，送了很远，刘勤请钟老师留步。钟老师说干脆到他家去一次吧，怕他以后在系里找不到他就到家里来找，免得打空转身。他设身处地为别人着想是多么周到入微。临近中午了，钟老师说过河恐怕赶不到饭了，就在他家里吃便餐吧。刘勤环顾四周，觉得特点是书柜多，家具少，窗明几净，一尘不染。他想师母一定是位贤内助。趁饭前的片刻空闲，刘勤问钟老师："您教我们和教湖大学生有何区别？是否简略些？"钟老师不假思索地回答："没有区别，完全一样。我当过楚怡的校长，和楚怡有很深的感情，我把你们当大学生一样的教。"

刘勤对钟老师的课印象很深，退休之后还撰文回忆。

邹定仪老师教数学，大代数、立体几何、解析几何、微积分他都教过，对教材内容十分熟悉，无需带课本。他的板书整齐清秀，字体端庄，首尾相顾，段落分明，毫无闲字杂数，酷似印刷品。若随堂记录下来，便是一份十分完整而极妙的教材。特别他教立体几何，不用带圆规、直尺、三角板，随手在黑板上绘出各种立体图形，形象逼真，直观易懂，堪称一绝。

场景四：楚工学子在业余时间

学生在校时，很少在星期日休息，为什么呢？分析和定量分析都只有利用星期日才能完成。学生每人都有一套化学分析仪器，化学试剂则共同配好，视需要取用，有利学习。

只有夜幕降临时，同学们回到宿舍，点燃植物油灯，进行自习，做习题、绘图，直到就寝的军号声吹响。

课余时间，楚工不给学生布置作业，让学生自己消化。但同学们在课余时间不会闲着。

每天课余时间，教室里就摆开了许多图板，有的同学还把一些选矿机器拆开来，一边量一边画。测量的人数也很多，有的沿走廊和楼梯测方位、距离、倾角，有的利用操场边缘障地布导线、测地形地物。

有一个叫段岳君的，开始时搞些小实验，如酒精分馏、干电池制作等，后来主要搞定性分析。学校试剂和器材不够，他就自己掏钱买。化验工作费时费事，不少人打了退堂鼓，只有段岳君始终坚持不懈，衣服被化学试剂腐蚀得斑斑洞洞，也毫不在意。

矿冶科 28 班的彭骥有意要考一考他，看他到底有没有真功夫。有一次，他“偷”了一块闪锌矿，粉碎之后包好，找到段岳君。

“段岳君，你这么热心于搞化验，我倒要考一考你。”

“可以，你想怎么考？”

“你就把这包粉末给我化验出来，结果对了，说明你有真本事。如果不对，说明你是天天在闹着玩。”

“可以，我试试。”

段岳君接过那包粉末，微微一笑。

彭骥心想，不可能有什么结果。认为已学到的元素分析的知识有限，进行漫无边际的普查，谈何容易？

没想到过了几天，段岳君便交了答案给他：“除了硫和锌之外，没有其他元素。”

彭骥听后，简直惊掉了下巴。他们当时只是矿冶科二年级学生，即使是专门学化验的，也不易做到这点的。

彭骥震撼之余，想到只要努力，在楚工是可以学到真本事的。如果自己不努力，那不知会拉开多大的差距。从此，彭骥更加奋发向上了。

为了让学生能在干中学，积极创造让学生干的条件，陈润霖想尽千方百计完善三科的教学设备。他不辞辛劳，四处奔走，筹措经费，投入巨额资金，完善学校的教学仪器设备和工场机械设备，设备之完善堪称湖南工业中专之冠。例如土木科的测量仪器，除一般的平板仪、水准仪外，还购置了三台进口的精密经纬测量仪器。机械科的实习工场规模相当大，设备相当好，有六马力的柴油发动机一台。1938 年又添购了一台德国制造的四十马力的煤气发动机。有各种机床，如车床、刨床、钻床、插床、冲压床等二十多台。还有一个翻砂场和铸造车间，附带还有木模车间，有熟练工人师傅多人，指导学生实习操作。工场同时可容纳三四十人实习，即人人有实习的机会。矿冶科的分析化验室有精密天平多架，做分析试验的各种化学器具和化学药品、各种矿石标本一应俱全。凡教学需要的应有尽有。楚工图书馆萦系着同学们无限温馨的记忆。一个封闭式的长廊里，靠壁立着一长排书架，任凭师生自由取阅。同学们站在书架前，常常一站就是几个钟头，不觉得累。楚工藏书颇为丰富，矿冶科书籍尤为充盈，因为著名矿业学家张莘夫先生的大量藏书都捐赠给了楚工。尤其是英语原著，印刷精美，地质、采矿、选矿、冶金无不具备，可以代表当时矿业科学的最高水平。

二

学是为了干，干是目的，学是手段。楚工学子毕业之后，就投身到实际工作中去，学成致用，在各行各业发挥自己的特长，为民族工业的发展贡献一份自己的力量。楚工学子的创业，与我们今天所讲的创业，内涵有较大区别。我们今天的大学生创业，多是指自己或合伙开办小微企业，承包项目，开拓新的项目。而楚工的创业是指投身到实际工作中去，做前人没有做过的工作，开创新的事业，主要是指投入到国家极其需要的工作中去。

让我们来看几个真实的故事。

抗日战争爆发后，公路成为最重要的战时交通线。以湖大土木系、楚工土木科毕业生为主要技术力量修筑并管理的湘黔、湘川二线，就有了“战时生命线”之称。1938 年，日军迫近武汉时，国民政府急令修筑衡宝、洞渝、烟江三线，使湘南湘西联成一片。为此设立湖南公路工程处，楚工土木科主任周凤九任总工程师。周凤九紧急召集湖大土木系、楚工土木科毕业生投入修路工程，工程一线的指挥员和技术人员几乎全是楚工学子。1938 年 9 月各线全面开工，1939 年 8 月各线全面竣工，创造了公路建设史上的奇迹。

各线全面竣工的第二个月，即 1939 年 9 月，日军入侵长沙，第一次长沙会战打响。历时两个月，我军在长沙会战中取得重大胜利，赢得国际社会普遍赞扬。楚工学子修建的这三条公路，起到了不可低估的作用。

1940 年 5 月，枣宜会战后，宜昌失守。位于益阳的烟溪十一兵工厂奉命迁往四川。但因为宜昌失守，无法走长江水路到四川，只好走川湘公路。可川湘公路路况很差，特别是位于利川文斗与重庆石柱交界处的毛滩河峡谷，只能以临时木便桥过江，装载兵工设备的大卡车根本无法通过。

周凤九决定在这里修建一条吊桥。为了解决缺乏钢材的问题，周凤九将桥设计成空心圆柱式铸钢桥塔，吊索采用铸钢链条。由于整个链条重达 20 多吨，无法运输，周凤九将链设计成许多节，在高空搭成便桥。为此，周凤九召集湖大土木系和楚工土木科学子来到工地指导施工，楚工机械科和矿冶科的学生也全力配合，那些身系安全带攀缘在悬绝壁上的几乎全是楚工学子。不到三个月，这条吊桥就修好了。这座 80 米跨径的吊桥，是中国第一座最大跨径的吊桥。吊桥的修通，不但使得兵工厂顺利搬迁，而且使战时首都重庆与中南部的交通顺畅起来。

国民政府迁都重庆后，急于改善西南交通，特别是尽快开通中缅国际交通线，以打通外国对中国军事援助的通道。周凤九被任命为川滇西路管理局局长兼总工程师，再一次召集湖大土木系和楚工土木科的学子，共赴大西南，一起修建乐西公路。

乐西公路是为当时国内最艰巨的公路工程。《西昌市志》载："乐西公路全长 525 公里。起于乐山，至于西昌。民国二十八年（1939）动工修建，民国三十年（1941）2 月竣工通车。"

三

美国、苏联支援中国抗战，给中国输送武器弹药，但他们也有一个条件，要中国给他们矿产品。美国每年要9800吨，苏联每年要2000吨。中国急需将钨砂产量提高到10000吨以上。

1940年10月，日军战领武汉后，无力再进行大规模的入侵行动，抗战进入相持阶段。国民政府抗战的决心更坚定了。

1940年年底，楚工矿冶科17班毕业之际，正是即将过春节之时，国民政府资源委员会来电，点名要戴谷南、黄觉民等十名毕业生马上去江西钨矿报到，不许回家。

军令如山，戴谷南、黄觉民等十名楚工学子，满怀报国雄心，辞别母校，一路急行军。途经宝庆（今邵阳）时，黄觉民说："还是打个电报吧，免得那边着急。"于是到街上发了个电报："正在赴赣途中楚工十人叩。"过年了，他们没有给亲人发电报，却给即将要用他们的江西钨矿发了电报，报国之志，赤子之心，感人至深。大地春如海，男儿国是家，十位楚工矿冶科毕业生，在千家万户过年的鞭炮声中，一路兼程赶往特殊的抗日战场。

已被授予中将军衔的楚工矿冶科主任钟伯谦和专业教师周则岳和其他矿冶科毕业生也"统归军用"，急赴各军需冶炼采矿单位报到。

四

楚工学子的创业精神，也是楚工学子爱国精神的体现。学成致用，学成报国，是楚工学子的精神底色。这种精神底色，还是源于陈润霖本人的教育救国、工业救国的理想。陈润霖为了报效国家，一辈子都在不停地创业，从创办楚彝私学开始，相继创办了楚怡小学、楚怡工业学校、楚怡中学和楚怡幼稚园。少为人知的是，与此同时，陈润霖还主持创立了湘雅医科大学。

1911 年 10 月 10 日武昌首义后，湖南为首应之省。长沙光复后，湘军自 11 月 2 日至 11 月 25 日，先后有 4 批约 8000 湖湘健儿赴鄂作战。湘中子弟在前线风餐露宿，忍饥临敌，浴血奋战，死伤甚众。为实施战地疗救，省会中西慈善家、开明人士、教会人士，如粟戡时、曹典球、聂其焜、颜福庆、梁家驷等开会，商议开办一所医院和一所医学专门学校，培养医学人才。

此时陈润霖任湖南省教育司长，被要求协办此事。

陈润霖经多方奔走协调，终于达成协议：由湖南都督府和美国雅礼会联合组成董事会，创办湘雅医科专门学校。1913 年秋，向全国招收首批医预科学生 20 名。

但湘雅的联合办学合约在上报北京政府国务院备案时，遭到阻力。国务院以“地方政府与外侨团体定约没有先例”为由，下令湖南都督府取消合约。

为了让湘雅医科专门学校能够合法地办下去，陈润霖又为之多方奔走，绞尽脑汁。于是成立了一个纯民间性质的湖南育群学会，这样可以与湖南都督府脱钩，避开“地方政府与外侨团体订约案无先例”的理由。

这样，1914 年 7 月 21 日，湘雅医学专门学校终于得以顺利注册。

由于孙中山采取联俄、联共、扶助农工的新三民主义政策，西方列强对中国国民革命的态度从赞扬转为敌视。广州市圣三一学校禁止学生组织学生会，禁止学生集会，开除反抗学生。孙中山决定收回教育主权，矛头所指是遍布全国的教会学校。

美国提出退还庚子赔款在中国办学校后，西方列强纷纷效仿。但这笔退还庚款是通过教会，以办教会学校的方式进行的，中国无权过问使用过程，教会学校成了一种特殊学校。到 1926 年，中国有大中小教会学校一万五千所。辛丑条约是不平等条约之首，废除辛丑条约就要取消庚子赔款，而不是退还庚款，更不是以办教会学校的形式退还庚款。办教会学校与其说是退还赔款，无宁说以新的形式禁锢中国青少年的思想，宣传西方思想价值观，是一种新的意识形态的侵略。

湘雅医科专门学校的办学则与一般的教会学校有显著不同，董事长和校长都是中国人，在董事会中中国人的数量多于美国人的数量。

十年合约期满后，湘雅董事们继续开会，研究新形势下湘雅医科专门学校怎么办。中美双方校董共同推举陈润霖主持这次历史性的会议。

陈润霖说："教育权是重要的国家主权，各国教育法令，国民教育绝对不许外国人代谋，乃世界通例。"

接着，陈润霖一针见血地指出教会学校是以宣传宗教为目的，地方官也不敢过问的现实，坚决地说："学校之主权，我国应当收回。"

于是，协议再续十年，但董事会完全由湖南育群会产生，雅礼会仅推举六名顾问，这样，可使湘雅医科专门学校由合办改为完全由中方自办。校名改为湘雅医科大学，以符合中国学校体制。

双方达成一致后，陈润霖任董事长。

1924 年 11 月 10 日，孙中山先生发表"北上宣言"，正式喊出了"打倒帝国主义"的口号。孙中山沿途受到各界群众的热烈欢迎，到达北京时，北京前门车站十余万群众热烈欢迎，但孙中山患不治之症肝癌，一路风波，病情加剧，面对热情洋溢的群众，已无法演讲，只好作书面讲话。

孙中山先生病危，住进北京协和医院治疗，当时在协和医院实习的湘雅医科大学第五届毕业生，参加了护理工作。1925 年 2 月上旬，一直处于昏迷状态的孙中山先生醒来了，当他知道是湖南湘雅医科大学毕业生在日夜护理他时，非常感动，同学们摇起病床帮他坐起来，亲切地交谈起来。原来他早就知道湖南有一所中美成功合作的湘雅医科大学，孙中山先生饶有兴趣地询问了湘雅医科大学的实际情况，十分赞赏。他说："谢谢你们热情周到的护理，从你们身上，我看到了湘雅医科大学的成功。我没有什么送给你们，就给你们写几个字吧，算是我给你们的礼物，也通过你们，向湘雅医科大学中美双方人士表示敬意。"

于是，孙中山先生题了"学成致用"四个字，郑重其事地落款盖章。没想到，这竟是孙中山先生的绝笔。孙中山先生逝世，护理他的同学无不痛哭流涕。

1927 年，风云突变。为了保护湘雅医科大学，陈润霖把孙中山先生的题词"学成致用"制成匾额，挂在校园的门楣上，请北伐途经长沙的头领来学校宣讲革命政府的政策、宣讲收回教育主权的国策与宗教排外无关。湘雅医科大学暂时得以保存。

但 1927 年马日事变后，国民党政府勒令湖南高中以上的学校一律停办，湘雅医科大学也不例外。陈润霖紧急邀请各公团权威人士联席协商，组成"湘雅维持会"，将湖南红十字会医院改名为仁术医院，全部借用湘雅医科大学校园的房屋、医疗器材、仪器设备，以免被破坏。请王子玕教授主持一切。同时筹办湖南助产学校，使湘雅医科大学得以保全。

直到 1928 年，蒋介石见湖南停办教育影响太坏，才派陈立夫来湖南收拾残局。陈立夫首先找到陈润霖，要陈润霖恢复湘雅医科大学。湘雅医科大学才得以恢复。

全面抗战爆发后，陈润霖紧急召集还在长沙的董事推举原教务主任张孝赛代理院长。1937 年 8 月 5 日，董事长陈润霖签发布告：

查七月四日董事会议决案第三项，王院长因奉教育部任命为国立南昌中正医学院院长，函请推选继任院长案，议决本学院院长一职，仍慰留王院长担任，但所有院务由教务长张孝骞医师代理一切。特此公布。

由于张孝骞刚上任，又是代理，所以开办各种短期培训班、接纳外地流亡借读学生等重担都同时压到了陈润霖肩上，湘雅医科大学主要靠他筹款办学。

1938 年 6 月，陈润霖决定将湘雅医科大学内迁贵阳，为此组织了迁校委员会，一面在贵阳次南门外石硐坡买地建筑临时校舍，一面在长沙组织装箱。7 月出发，10 月 24 日就在贵阳临时校舍开学，离正常开学时间不过 3 周。贵阳新校园所在地也有了新地名“湘雅村”。

搬迁非常成功，但耗资巨大，尽管美国雅礼会汇款援助，仍难以支撑。经陈润霖等人向国民政府争取，从 1940 年暑假起，湘雅医科大学由私立改为国立，费用由教育部负担，张孝骞仍为院长，学院机构维持不变。

湘雅医科大学由私立成功改为国立后，每年从国家财政得到二十万元的办学费，陈润霖才松了一口气。

陈润霖生命不息、创业不止的精神，正是楚工人精神的灯塔！在陈润霖潜移默化的影响下，为国求知、为国创业逐渐成为楚工人的精神底色。

第八章 战火书声

一

楚工从1909年筹备，1910年开学，到1928年，陈润霖才将楚工三科即机械科、矿冶科、土木科办齐，算是成规模，成建制。

从1928年到1937年，是楚工办学的黄金十年。设备不断完善，师资不断成熟，学生也有规律地进出，学校的办学秩序也很正常。

1937年7月7日，卢沟桥的枪声揭开了全面抗战的序幕，英勇不屈的中国人民冒着敌人炮火前进，打击日本侵略者。然而，当时出现了“亡国论”和“速胜论”两种论调，很多人辩不清局势，人心不能稳定。

当此关键时候，毛泽东发表《论持久战》，高瞻远瞩地论述了抗日战争的战略是持久战，中国不能速胜也不会亡国。

《论持久战》一发行，全国人民的思想迅速稳定下来，好像在茫茫大海之中看到了一座灯塔。持久战的思想，成为包括国民党在内的全民族抗战的指导思想。

陈润霖更是从内心深处佩服毛泽东的雄才大略。有了毛泽东论持久战思想的指引，陈润霖不再信“速胜论”，他不再幻想“躲过一阵风”。而是着手谋划在抗战时期如何长期办学。

于是，1938 年放暑假后，陈润霖即着手楚怡大迁徙，是长沙所有学校中率先着手迁移的。因为这时日本侵略者还没有打到武汉，人们还没有感到战争的迫近。陈润霖可谓先人一着。

陈润霖将幼稚园停办，将楚怡小学先迁长沙河西望城坡，再迁湘潭炭冲子，缩小规模继续开课。中学先迁湘潭炭塘子，又转迁新化。因学生年幼，多不愿远道赴新，故停办。

陈润霖考虑到新化是老家，开展工作较为方便，又处雪峰山区，相对较为安全，于是决定把楚工内迁地定为新化。

楚工内迁是一个大的系统工程，因为楚工的设备很多，而且很多是重型设备，移动安装相当困难。

陈润霖租用民船数十艘，星夜将设备、仪器、图书及行李溯江而上，运往新化。历时近两个月，到 8 月间，迁校工作大体完成。

但设备内迁还只是万里长征走完了第一步，接下来的任务更艰巨、更重。

西迁新化本是迫不得已的战时措施，但迁来新化后才知道真是困难重重。严重的问题首先是校舍，其次是师资。

为寻校舍，颇费周折。

1938 年 8 月，先来新化的同学和校工，负责安置后来到达的同学。当时，新化市场萧条、房屋古旧、街道泥泞，楚工到此办学面对这些已是十分艰难。更艰难的是师生员工无处可住，无处上课，只好暂时分居在民舍和小客栈中。但这种情况肯定不能长久拖下去。

新化上梅中学主事曾广济是一位开明人士，对陈润霖的办学十分支持。几经周折，陈润霖借得上梅中学一栋两层楼房作为楚工教室。附近的城厢小学本来就是陈润霖祖上办学的地方，当时叫城厢书院，后改为资江书院，陈润霖也在此读过书。现在陈润霖要借用，当然也表示支持，愿意借出部分校舍。梅城小学也让出一些房子作为学生宿舍。新化县城毕家巷段公馆，这是毕家巷企业家段楚贤的公馆。段楚贤当年是陈润霖招到明德中学读书的学生，与陈润霖沾亲带故，在陈润霖面前是个晚辈，所以也表示支持。段公馆分为南北两个相连的院落。段楚贤将北面的院子借作教师宿舍之用。此外，陈润霖还曾在街上临时租用民房。

万事俱备，只等九月开学。

可是一波未平，一波又起。

当时的新化县政府，聚集了一股顽固守旧的势力，不仅反共，而且排外，对楚工迁来新化极其反感。他们借口上梅中学借房屋给楚工没有通过教育局，不准上梅中学等校借校舍给楚工使用。

当时楚工毕业班矿冶科15班学生便联合已经到达新化的两百多名同学，列队到县教育局说理请愿。县教育局局长便把县长搬了出来。

当时的新化县长王秉丞，为了取得地方支持，过分依赖新化的顽固势力，他支持县教育局的决定。楚工学生游行请愿，派代表与县长谈判，据理力争，把王县长和教育局长驳得哑口无言。王秉丞恼羞成怒，不但拒不解决楚工的问题，而且污蔑楚工学生聚众闹事，命令楚工开除学生代表矿冶科15班饶第鑫、洪伯增等的学籍。

陈润霖此时还兼着湖南省议会副议长的职务，不便出面去压服地方政府，只是鼓励学生采取更有效的办法去斗争。于是学生们便用“快邮代电”的方式，向社会各界呼吁求援。上梅中学的学生们立即声援，各界纷纷响应，迫于强大的舆论压力，县政府只好屈服。

可是新化顽固势力不甘失败，借口上梅中学主事曾广济有共产党嫌疑，将其逮捕，王秉丞亲自审讯逼供。王秉丞反共坚决是出了名的，陈润霖不能不再出面了。

陈润霖只好去请曾在楚工兼过课的化学老师曾继梧帮忙。

曾继梧是新化维山人，毕业于保定陆军军官学校，后入日本陆军士官学校第四期炮兵科。回国后支持陈润霖办学，在楚工兼任化学老师。曾任湖南陆军第三师师长、湖南护国军第一军总司令。毕竟是辛亥革命元勋，曾继梧归隐维山后，经黄兴特批，他拥有一支私人卫队武装。

陈润霖派人来求助，非同小可。不过问政治的他破了一回例。他领着卫队全副武装连夜向县城赶来。见到陈润霖问明情况后，便说："事不宜迟，马上就去。这些人是什么事都干得出来的。"同陈润霖领着卫队直奔县政府衙门，门口哨兵根本不敢挡。秘书慌忙前来问怎么回事。曾继梧是军人，可不像陈润霖那么斯文。他往大堂上一坐，说："去，把王秉丞给我叫来。"秘书被他的气势所压倒，结结巴巴地说："王县长正在审一个重要案子，您有什么事我给您转达。"

曾继梧明白了，刚才进大门时，看见监狱门口戒备森严，出动了不少警察，肯定是王县长在干坏事，便对卫队长说："走，上监狱。"秘书忙说："我去禀报。"曾继梧说："禀什么报，不许去。"卫队长一把抓住秘书就走。

监狱就在县大堂隔壁，警察们上前阻拦，被卫队推到了一边。警察们都认识曾继梧，便老老实实站着不动。曾继梧径直往里闯，果然看到王秉丞拿着手枪指着曾广济的头，正在逼供。见曾继梧走来，王秉丞吓了一跳。曾继梧说："王县长，你好威风。来呀，把他的枪给我下了！"卫兵一下就把王秉丞的枪夺了过来，旁边的警察局长认识曾继梧，大气都不敢出。

曾继梧为曾广济松了绑，同陈润霖坐下，对不知所措的王秉丞说："会用枪吗？什么时候能用枪，什么时候不能用，你知道吗？"王秉丞没见过曾继梧和陈润霖，不知该如何回答才好。警察局长忙打圆场说："王县长，这位是国民党元勋、曾代理湖南省主席的曾继梧将军。这位是省议会副议长陈夙荒先生，都是自己人，自己人。”

王秉丞方才明白，客气地说：“晚辈刚才乱用枪械，是大不恰当。不过上梅中学共党活动猖獗，曾广济身为学校主事，有人举报他有共党嫌疑。晚辈身为地方官员，不能不问。曾主事至少有包庇共党之罪，是不会错的。”

曾继梧作出一副听不懂的样子，说：“现在不是国共合作共同抗日吗？怎么又要剿共了？谁的主意？”

王秉丞说：“晚辈是执行限制异党活动办法。”

曾继梧说：“什么限制异党活动办法？我怎么没听说过？你说的异党是指汪精卫吧？我能保证我们维山绝无勾结汪逆通敌叛国分子。这样，我和陈副议长把曾广济保出去，只要你们能拿出他有通敌叛国的确凿证据，你们要杀要剐我们绝不包庇，乱加罪名破坏抗战我们也绝不允许。”说完，示意卫队长把枪还给了王秉丞。

限制异党活动办法是国民党内部文件，王秉丞不知如何回答是好，哑巴吃黄连，有苦说不出，只好糊里糊涂地点了点头。

陈润霖心平气和地对王秉丞说：“现在是国家兴亡的紧要关头，团结抗日是大局，无论如何都不能为了私利而忘了民族大义。新化是国家的新化，湖南是国家的湖南，新化和所有内地一样，应该负担起接纳流亡学生和难民的责任。今天接纳了楚怡工业学校，明天还要准备接纳更多的内迁学校，要准备接纳更多的流亡学生和难民。这是责任，不是额外负担。”王秉丞眼睁睁地看着曾继梧、陈润霖把曾广济带走了。对陈润霖的话，他还是听进去了。他真后悔被新化一伙盲目排外的家伙推着走，干了拒绝楚工这样让自己丢尽脸的傻事。

经过这场斗争和学校当局的多方努力，直到 9 月下旬，终于借用上梅中学的教室正式开课。

二

寄人篱下，终非长久之计。陈润霖早就做好了“打持久战”的思想准备。

楚工西迁之前，楚工已交代事务主任陈致功等先行赴新化选址，最初预选了三处。第一处是维山林屋曾继梧老家附近，这里山高林密，有利于防空。但因交通不便、设备运输困难而作罢。第二处是新化城西对河，陈家祖上居住过的地方，有通往锡矿山的官道，由于面积太小，且不够隐蔽，易受战争影响而作罢。第三处是白沙洲。

白沙洲位于新化城北，有乡村大道与县城相通。面临资江，对岸群山耸立，是比较适宜办学的地方。此地为李家世代居住之地，陈、李、段、曾、邹姓都是几百年前从江西迁入新化的世族，虽然多姓杂居，但是人际关系还比较和谐。楚工李瑶荪老师就是白沙洲人。李家对楚工迁此办校，由衷欢迎，给予大力支持。经过协商，让给楚工成片土地，而且是分期付款，条件十分优惠。通过楚工会计李兰荪和事务员李达荪进行协调，建校工作进行得十分顺利。为顺利迁出新化县临时租用的校舍，首先租用白沙洲“文昌宫”，由陈志良和李兰荪主持，稍加改造，作为落脚点，于1939年春，矿冶科16班、矿冶科17班、矿冶科18班及土木科10班等四个班率先迁入。

学校设此依山傍水、农舍野径之间，既无敌机骚扰，又无城市喧嚣，环境安谧，宜于学习，但物质生活艰苦，仅有近处资江支流辇溪小集，每逢赶场才能购得一些生活用品。生活虽然艰苦，但师生仍然自得其乐，开展多种课余活动，如组织剧团、京剧社，开展各类球赛活动等。青年学子的歌声和欢笑声打破了乡村的宁静。

据机械科26班黄季灵回忆，当年建成青砖青瓦教学楼一栋，楼下为学校办公室，附近有大厨房、操场，两排并列平房，包括教室、学生宿舍及军训机械保管室。一列垂直的平房，单面竹织壁粉白灰、鱼鳞板墙青瓦顶，包括礼堂、食堂、图书馆、医务室、仪器图板保管室和几间教师宿舍。这是楚工建筑相对集中的一块。由此处到江边，又有一处校舍较为集中之处，这里修建了一些教师宿舍、会议室、小厨房和办公室，陈校长偶尔来校，就住在此处。

白沙洲校园的另一个特点是未砌围墙，不设校门，与农村直接接壤，给人的感觉是，有田园的气息，无城市之喧嚣。

1939年春，湖南省主席改由薛岳接替，在“文夕大火”中被毁的各校校长均往见薛。经过努力，楚怡得到一笔赔偿补助。此外，华昌公司锑商一度对楚怡有过捐献。陈润霖赴京津沪求补助，经多方努力，获三笔补助：一为实业部补助工业，一为资源委员会补助矿科，一为财政部补助全校。陈润霖得到这些补助后，于1940年又建成礼堂和另一栋校舍，矿冶馆也于1943年2月建成。原拟建造楼房，因当时通货膨胀，物价上涨，只修建成马蹄形多间砖瓦平房，水泥铺地。

至此，楚工战时校园的教学和生活设施以及实习工场已初具规模。由于柴油短缺，楚工改用自己生产的煤气发生炉为动力。楚工实习工场是当时新化及周边地区最好的机械制造厂，所生产的铁木机器远近闻名。

1939年5月，在白沙洲举行了西迁后的第一个校庆。同学们用松枝点缀彩楼。在耀眼的煤气灯下，师生和乡亲联欢，同学们精心演出了话剧、歌舞、魔术等多种节目，还出版了一期学报。

1939年暑假，湖南大学生、中学生按所在地区分别组织抗日宣传队，楚工宣传队负责新化一半地区的流动宣传工作，主要是演话剧、作讲演、贴标语等。矿冶科16班、土木科8班、土木科9班、土木科10班都有同学参加。当时演出的《放下你的鞭子》和《三江口》等剧目，深受民众欢迎。

楚工上专业课时也与爱国教育相结合。1940年，许新甫老师上采矿课时，讲到清末湖广总督张之洞办汉冶萍公司时，萍乡煤矿建设“八方井”，不要中国人，要请德国人来做，同学们听后都非常气愤。

1940年春，楚工原有实习工场设备全部迁到白沙洲这一新建的战时校园。楚工学生也全部迁入复课。

这一年，也是楚工建校30周年，1940年5月14日，学校在白沙洲举行了隆重的纪念活动，也是楚工全部迁入白沙洲后的第一次开学典礼。庆祝会搭起了彩楼，彩楼两旁悬挂着对联：

十万里破碎河山，总须靠亿兆同胞一齐收复，责任拟何重耶；

三十年艰苦奋斗，才赢得二万弟子八百技师，材难不其然乎！

这副对联，显示着楚工的光荣和成就，也是楚工对办学艰难的一种沧桑的慨叹，一种无奈，一种迎难而上的气概！更是对在校学生的激励和鞭策！

很多同学反复吟咏对联，顿觉一种责任感、一种使命感、一种进取心油然而生。

这是楚工在抗战时期一次难得的大团聚，也是楚工在白沙洲的开学典礼，还成了一次学术交流研讨会，还是楚工学子慷慨激昂奔赴抗日特殊战场的誓师大会。

而对联中的“二万弟子”，包含了楚工的职工科、金工科、测绘科等短期培训班的学生和小学、中学、幼稚园以及平民教育班的学生在内。“八百技师”才是指到1939年楚工三科的毕业生。

三

白沙洲是楚工的战时校园，困难很多，但师生在这样一个艰难困苦的时期，由于有抗战必胜的信心，有为国读书的信念，有报效国家的理想，校园生活过得十分充实而且快乐。

在新化县城，陈校长有一处公馆，前门朝向大街，门房就成为楚工接收邮件与外界联络的传达室。

楚工有一条木船，隔日往返于白沙洲和新化县城之间，传递信件和运送物资，并作为接送教师的交通工具。有的学生进城，也偶尔搭乘此船。否则，就要在田野丘陵间步行25公里。

在县城，学校还开了一间店铺，销售楚工实习工厂生产的五金工具。招牌很大，是用立体字书写的。产品销得非常快，颇有市场经济的味道，这说明楚工实习工场是货真价实地搞实习。

矿冶科21班张志泗回忆，1941年他在初中毕业后，考入楚工矿冶科21班。他从长沙出发，翻山越岭，600里长途跋涉，负笈直奔新化。入校后，他们低年级安顿在文昌宫食宿，居住在庙堂两侧厢房，自办食堂，同学们轮流值日。房间较小，架起双层铺，每间住6～8人，虽然拥挤，但同学之间感情融洽团结。白天去新教舍上课，晚间回宿舍自习。没有电灯，靠自备植物油灯照明，文昌宫百多人的生活仅由一位老师管理。

每天从文昌宫奔赴新教舍上课，须步行两个来回，每次十多分钟，穿行崎岖小路，全校风光一览无余。这里没有城市喧哗，却有绿草茵茵和资江的波光闪闪，春风秋雨，空气清新，远离战乱干扰，是净化心灵、一心求知的好地方。寝室从文昌宫搬到新校舍后，从清早到晚间熄灯，都以号为令。自修时，全校数百名同学鸦雀无声，上课专心聆听老师讲授，下课大都活跃在操场上。记忆较深的是陈老师讲述的一段故事，故事的主要思想是肯定矿业是工农业的重要支柱，陈老师说："矿冶专科是百业之本，我们矿冶人应引以为自豪。"老师一席教诲，触动了同学们的心灵，不仅稳定了专业思想，也激发了专业热情。

勤劳敬业的楚工人不仅要克服生活上的困难，还要战胜专业书籍奇缺的艰难。老师发动同学们动手刻钢板、写石印，困难再大也难不倒他们对学习的执着追求，坚强的楚工人就是在这样艰苦环境下、在战乱的时代背景下成长。

楚工人没有被气焰嚣张的日寇所吓倒，业余生活丰富多彩。楚工矿冶科20班的范晋良回忆当时的校园生活写道：

> 楚工除有学生会外，各科都相继成立了专业学会，学生会每期组织一次各类球赛，其他活动则不多，但同学们对参加球类活动还是比较活跃的，星期天三个球场总是有人练球。有时也离校到新化县城相约与省六职、上梅中学、成达女中等进行友谊赛；夏秋气温高时，同学们都去资江游泳，横渡资江或仰游到有三里之遥的犛溪镇资江大回湾处的沙滩上休息。不会游的，也在资江近岸处一定区域内学游泳，确保安全。平时，同学在课余拉、弹、歌唱之声，也不绝于耳。学校伙食由学校组织、学生自办，设伙食委员会，高低班搭配分别担任"月经理""周经理"，负责协同学校办事员采购粮菜等副食品，每日轮派两位同学到厨房值日监

厨，所以伙食办得不错。

上下课时，由教务处的老师用一长铁钩，敲响悬挂在教学楼屋檐角下的铸钟。早起床和晚就寝，则由军训枪械室的保管员吹军号。嘹亮的军号声和悠长的钟声响彻田野，给山村增添几分情趣。

实习工场仍然如在长沙时一样相当完善，有木工、铸工、锻工和机床加工车间，大马力的煤气发动机和车床、铣床、刨床、钻床等几十部通用机床，各类工具、模型、淬火等设备，在当时可算是一座颇具规模的机械制造厂。车间有着经验丰富的老师傅——木工金师傅、钳工左师傅、锻工姜师傅、车工杨师傅，均随长沙迁校而来，具有较高的工艺水平。工场主任由游毅夫老师担任。还有一位本校早期毕业的朱老师，他们同老师傅一起共同指导同学实习操作。有的同学除完成作业外，还会自制一些小型工具和金属用品。土木科和矿冶科有较高质量的测量仪器和标本设备。

对战时白沙洲校园的实习，楚工机械科21班谭斌的回忆比较详细：

机械科21班入学时，还是在新化县城借上梅中学左侧一所庵堂上课。当时条件极其困难，没有实习工场，直到迁至白沙洲新址，才恢复了实习课。

锻工车间，配备有6~7座土筑锻工炉，用手拉送风的木制风箱鼓风，每炉配有各种长短不一的长臂铁钳和大小铁锤。还有大铁礅一只，以及卡尺、角尺等工具。操作时，每只炉子安排两个实习人员，一人拉动风箱鼓风，并翻动炉中加热的工件；另一个人站在对面，当工件加热到一定锻造温度时，由拉风箱者从炉中夹出工件放在铁礅上，然后你一锤我一锤有节奏地锻打，经过多次加热和锤锻达到所需形状为止。初次学习锻工操作时，任务是加工立体形方铁，以后逐步学习锻造小铁锤、钢丝钳以及其他小型机械部件。在技术上由车间老师傅指导。

钳工车间，配备有木制钳工工作台7~8只，上装有大型虎钳，备有各种规格的锉刀。实习任务是，将锻工车间锻制的毛坯件进行加工，还需进行油淬火等工序。车间也有一位经验丰富的钳工师傅进行技术指导。

木工车间，配备有木工工作台十余个。每个工作台上安装有木制的虎钳，还有斧头、刨子、锉子、角尺、钢皮尺以及钳子等工具。首先由木工老师傅示范操作，教给操作要领。然后每个实习人员发给一块长1~2米、宽10~15厘米、厚5~6厘米的杉木枋，要求达到四面平整光滑。这种实习要进行5~6次，最后木枋刨得只剩下2~3厘米为止。第二步，要求按照铁手轮样品，用樟木加工成木手轮。第三步，制作较为复杂的木模型。为了便于翻砂造型时脱模，要求分为几块拼起来，技术要求较高，均有师傅指导。

翻砂车间，配备有一座带鼓风机的小型化铁炉和几只大小不同的铁水包，还有砂箱、皮老虎以及翻砂用的小工具。在老师傅的指导下，进行各种砂型制作，直至浇注出铸件。当时虽然没有完备的安全装置，但在老师傅的精心指导下，很少发生烫伤事故。

以上锻工、钳工、铸工实习内容，一般要从第一个学期进行到第四个学期为止。

学生要到最后一年才进行机械加工实习。机械加工车间内配备有12马力及60马力发动机各一台。(开始时，只有一台12马力柴油发动机)。有各种车床7~8台。(从这时起，学校开始自制车床)。此外，还有牛头刨一台、龙门刨一台、立式钻床一台、万能铣床一台。这个车间由石彦文和朱永康老师负责理论和技术指导。

还有一位老车床师傅及两名一般车钳工师傅（开发动机）。当时柴油紧张、质量差，后来就采用植物油掺柴油为燃料，所以发动起来很困难，有时会突然停机。60 马力的煤气发动机是进口设备，体形大，飞轮就有两吨重，是 1941 年年初从长沙水路运来白沙洲江边，再由江边用蚂蚁抬蚯蚓的办法，由六七十名民工，抬了很长时间才运到车间的。安装好后，由于煤质量不好，影响煤气质量，致使开始时发动不起来。大约花了一个月的时间才发动起来。这件事由石彦文老师主持。车间传动系统，都是从天轴宝塔轮和皮带进行传动。当时学校已进行自制车床工作，所以我们实习内容都是加工车床上的齿轮、走丝杆以及床面、床脚等部件。我们的工厂实习，都是从简到繁，逐步提高的。工场实习对每一个学工的是何等重要。重视实习，理论紧密结合实践是楚工的一大特色。

由于日寇侵略，一些大城市沦陷，物价上涨，学校的实验药品、图书、设备没有新的增加。绘图仪品、三棱尺、白磅纸在当地难以买到，有时只得用牛皮纸绘图，一支乌嘴笔，一个圆规，图面质量必然受到影响。高中课本要去长沙、蓝田等地采购，土纸印刷的书页模糊不清。专业课程教材是由学校附近一家印刷所石印，制版前必先在蜡纸上用油墨书写画图，这项工作成为同学们的课余副业，微薄报酬，小补生活。

因是抗战时期，楚工一、二年级有军训课，每周一次，进行操练。有的班级毕业前，在资江河滩上练习一次实弹射击。

楚工虽未设体育课，但聘有一位体育老师组织班级球赛，十分活跃。

每周一举行纪念周活动，由教导主任孔质庵主持，除诵读孙中山遗嘱外，有时由老师作学术演讲或时事报告，有时由孔老师根据学校实际情况，对同学提出表扬或批评，或讲青年修身之道，或结合国耻纪念讲抗战的紧迫责任。

战时的校园生活还是比较紧张的，黎明的军号声响起之后，学生快速起床洗漱，纷纷去田野的草地上自由进行军操训练，然后读英语或看书。七时许，去食堂早餐。上午一般有四节课，午休后，有三节课。工场实习或制图、测量是整个下午，剩余时间自习，或上操场打球。晚餐后，三三两两到田间散步，由学校大道走向江边，再从田垄绕个大圈子走回。或在江畔谈论学业、时事，筹划未来。

夜幕降临，回到宿舍，点燃植物油灯进行自习，做习题或绘图，直到就寝的军号声吹响。夏日的黄昏，多数同学去资江游泳，游者大显身手，不善游者学技，热闹非凡。同学互相照顾，多年来从未发生事故。

学生食堂的伙食，在物价上涨的情况下，维持着米饭、蔬菜，打牙祭时吃肉，有时厨房会挑来一大桶油珠不多的汤。少数经济条件好的同学，有的到附近三两处小馆子炒菜加餐，有的上农民家烧菜，还有少数同学租房，住在附近农家，自办伙食。寒暑假，绝大多数同学回家，只有很少数的同学留校，或住在农民家，自己做饭；或住在学校宿舍，到附近农家包饭或做饭；或找个炉子在校内自己做饭吃。

多数同学的衣服由附近人家包洗。每天清晨，洗衣的大嫂们背着竹筐，排列在学生宿舍附近接送衣物，成为一道风景线。同学们的健康情况，一般尚可，因重病辍学者甚少，偶有小病轻伤，可去学校医务室治疗。山村无更多的文娱活动，到了星期天，同学们有时在资江畔去爬山、摘杨梅，有时组织参观附近的小煤矿坑道。大约在 1943 年，暴雨如注，资江上游山洪暴发，辇溪支流江水陡涨，水漫平地，稻田养鱼涌上学校操场，活蹦乱跳，同学冒雨用洗脸盆抓鱼，乐了好一阵子。有的老师带来留声机，唱片一响，窗外就有许多同学倾听，一饱耳福。同学中的京剧爱好者，拉胡琴，清唱一曲。楚工虽无音乐课，也没有乐器，但青春是离不开音乐的。沉痛的流亡三部曲，激昂的救亡歌曲，带着青春旋律的“杜鹃花”，在同学中流行。

学校里的定向钻研，主要意义是形成一种风气，这种钻研风气带到工作岗位以后，确实造就了一大批专业人才，如唐子学在湖南煤田勘探和煤成气研究方面，成绩是很可观的。这种根据兴趣搞课余定向钻研，在我国现在的中小学叫兴趣小组，到大学就称为协会了。而楚工的定向钻研完全没有什么牌子来约束，同学们自觉地形成小组，钻得如此之深，殊为难得。

寒暑假期，学生们也未放松，组织到大冶铁矿、水口山铅锌矿和锡矿山锑矿实习。虽然打着“楚工实习队”的旗号，实际是资源委员会矿室到锡矿山做“土法炼锑试验”，主持试验的是该室研究员赵天从等，学生当试验员。通过实习验证书本知识，使理论更加充实完善。

在矿冶科21班陶良缙的记忆中，一个学年以后，学校的实验室、实习工场及相应的仪器设备都已建成，安装到位。建筑物以平房为主（随后兴建一座矿冶馆楼房），井然有序，配套齐全，在这里也充分体现了楚工“朴素求实”的校风。学校艰苦奋进的氛围是比较浓厚的。

同学们自觉养成勤俭节约的生活习惯。同学们膳食费偏低，即使学校自办膳食，膳食也不够吃。不少同学会把剁辣椒或辣椒萝卜带进食堂佐餐下饭。晚自习时间较长，有一个从南京逃难来的杨老板把蒸好的杯子糕送到教室附近叫卖，同学们肚子饿了的也买一两个充饥，都还舍不得随意花钱。这反映出在同学们之间一种俭朴的生活方式已经逐渐养成。

陶良缙还记得从长沙来白沙洲上课的情景，从长沙到新化有三四百里，他和几位家居长沙的同学结伴而行，本已修好土路基的湘黔铁路因为战备，每隔一段距离挖一个缺口，破坏得无法行走，只能沿原有的土路行进。各人背着自己的小行李包，晓行夜宿，风雨兼程，步行三四天才能到达。虽然穿着草鞋，脚磨起了泡，但是无倦累之感。

四

楚工的爱国是有传统的。

楚工在国难中成长，楚工学子也经历过无数次考验，楚工学子积极投身五四爱国运动和后期湖南的驱张运动，陈润霖和他的学生们始终是运动的急先锋，站在队伍的最前列。

1927 年 5 月 21 日，许克祥发动反革命的“马日事变”，全省师生被杀者难以计数。在这紧急关头，陈润霖与全校师生团结一致，联系曾继梧等辛亥革命元老，全力掩护和抢救危难师生。许克祥害怕学生运动，勒令一师、长郡、明德、楚工等学校遣散学生，随后命令中等以上学校全部停课。楚工机械科 9 班、机械科 10 班、矿冶科 7 班、矿冶科 8 班学生被迫提前毕业，忍痛离校。

1931 年，九一八事变爆发，全国掀起抗日救亡运动。当时，湖南“马日事变”血迹未干，“围剿”硝烟弥漫，在此万物肃杀之时，为拯救民族危亡，陈润霖又参与组织“湖南人民国防建设协进会”，后改名为“湖南全省人民抗敌后援会”，并领导学生组织“抗日救国委员会”。孔文达、萧鉴秋、陈季云、丁壮猷等均被聘为该会指导员。陈润霖校长响亮提出“国家兴亡，匹夫有责”，激励学生为救亡而磨砺。

楚工学子是血性男儿，在战时的白沙洲校园，他们一边拿着枪，坚持军训，一边演抗战剧、唱抗战歌，激励斗志。有的还报名参军，走上抗日前线，成为抗日英雄。

1935 年 8 月，中共向全国各界发出《八一宣言》，呼吁“停止内战，一致抗日”，并号召“有专业技能的贡献专业技能”，这对楚工师生是莫大的激励和鼓舞。

1935 年下期，楚工举行了第一届军事集训，楚工学生成立学生会，经全校学生大会选举土木科 5 班文前介、矿冶科 13 班梁福成、机械科 15 班雷宏道主持学生会的工作，文前介任学生会主任。12 月 15 日，他代表楚工学生会参加第一师范学校召开的长沙各校学生代表联席会议，会议决定长沙各校全体学生参加 12 月 16 日大游行示威，声援北京“一二·九”学生爱国运动。楚工学生准时加入游行队伍，并得到孔文达主任的支持。

1937 年 7 月，七七事变标志着全面抗战爆发。陈校长率全校师生，以最大的热情支持了以湖南教育界为主要力量组成的“湖南全省人民抗敌后援会”，参与宣传抗日、抵制日货、募捐支前等活动。楚工同学投入抗日激流，以身报国，例如矿冶科 14 班萧汉庭毅然投笔从戎，参加空军，驾机与日寇激战于淮河上空而英勇殉职；还有更多的同学，奔赴抗日国防工业战线，发挥自己特长，贡献自己的专业技术，为抗日作出重要贡献。

西安事变后，南方各省与国防相关的工矿和交通部门，几乎都有楚工师生作为支撑，战斗在第一线。1937 年，孙科来长沙视察，接见楚工矿冶科 13 班毕业生代表，并为矿冶科 13 班毕业同学录题名，省长等主要官员也相继题词。

在抗日艰苦战斗时期，楚工校友在各个国防有关的工矿、交通事业中，成为一支肩负重任的技术骨干力量。

楚工学子在抗战期间，认真学习毛泽东的《论持久战》等著作，领会其精神，响应中共的抗战宣言，认真学习宣传新思想、新文化的读物甚至马恩列的经典著作。在战时的白沙洲校园，他们满怀抗战必胜的信念，一手拿枪搞军训，一手拿笔认真学习，为日后建设祖国苦学苦练基本功。

正是楚工学子从创立开始就种上了爱国的基因，所以他们一直能够以爱国精神武装自己的头脑，始终追求进步，始终站在时代的最前列。

第九章 鞠躬尽瘁

一

1945 年 8 月，日本无条件投降，抗战取得最后胜利。饱受流亡之苦的楚工师生无不热泪盈眶，欢呼胜利。新化古城，张灯结彩，通宵狂欢。

白沙洲地处偏僻农村，物资供应匮乏，赴县城采购交通亦不便利，以及生源减少、教员难聘等原有问题，加之随着抗战胜利，来此避难的外地学校纷纷迁回长沙等原因，学生向校方提出复校长沙的请求。

1945 年冬，陈润霖赴长沙筹备复校。陈润霖见到的是一片惨状，原来日本鬼子投降之后，在撤退时又进行了一次大破坏。几乎所有学校都被纵火焚烧。楚怡三校一园被再一次彻底破坏，连楼板也被烧了。湘潭炭冲子楚怡小学的临时校舍，也未能幸免。校园内的大树被毁了，附近的树林和雅致的亭廊被毁了，可爱的白鹭不见了。

征得大家同意，陈润霖决定小学先在湘潭炭冲子复课，将来再搬回长沙储英园。也许还可以在这里办一所分校，以感谢湘潭的乡亲们对楚怡小学的支持。

可是，抗战胜利后，国民党的接收大员成了“劫收大员”。教育界要求国民政府救济的呈文迟迟没有回音。陈润霖上下奔走，发现当权的政府官员们关心的都是“党国大事”，没人管教育这些“小事”。特务也在学校里横行，动不动给人扣上一顶红帽子。

陈润霖绝望了，只好向校友们求助。陈润霖在储英园召开了校友会议，大家在楚怡学校的废墟中坐下，陈润霖环顾空无一物的校园，几十年的心血全毁了，还没开口说话，就忍不住失声痛哭起来，顿时引发到会的校友哭成一片。陈润霖的长子陈志刚劝住了大家，说：“总算熬过来了，好在还有这么多校友，大家群策群力，大不了从头再来。”于是大家自动发起捐款，有人拿来募捐册记了下来，当场募得一千多万元。由于通货膨胀了一千多倍，一千多万也就相当于抗战前一万多元。

大家都穷，捐一千多万元已经尽了力。但钱还是远远不够，陈润霖愁眉不展。年关将至，陈润霖急需赶回新化筹款。决定由孔文达负责稻谷仓楚怡工业学校的复校，由陈能虑负责楚怡小学的复校。

陈能虑说：“我是你的保健医生，必须随时跟在你身边。”陈润霖说：“长沙没人不行啊，你还得代表我去催政府方面的补贴，省公医院也得由你牵头复院，那是你的本行。你在长沙事情多，都是大事。何况，我不能拖累你一辈子。”于是，决定由陈志刚护送陈润霖回新化。

而此时，陈润霖已经患上了病。

病是怎么患上的呢？

陈润霖虽说一辈子不做官，可还是在省里挂了个职：省议会副议长。说是虚职，有时也要管些实事。抗战期间“一滴汽油一滴血”，忧国忧民、以爱国救国为己任的陈润霖，便积极响应当时将照明油改为植物油的决定，广泛寻找食用油源。而当时湘西山中有一种茶子树，榨出的油可供食用，余渣可作饲料，还可杀稻田害虫。陈润霖便出马组织种茶子树。先在南岳造林，成绩斐然，后来到家乡新化，让陈能密兄弟捐出 150 亩山田给青峰农校作实验基地，培育供应优质种子，又让楚工职工科和实习工场组织榨油。在榨油过程中又听楚工一位熊老师说，可以从桐油中提炼出汽油。省政府主席薛岳从陈润霖处得知后，欣喜若狂，命令各县广为种植，所得收入，可以充实保甲经费。鉴于陈润霖曾成功领导了茶油计划，省议会再次决定由他领导桐子油种植。于是，陈润霖经过反复考察，最后确定在耒阳扩大种植七万亩。成为全国规模最大、成绩最优的国营桐树农场。最后在耒阳投资成立了湖南炼油厂，生产出了“三湘牌”汽油，有力支持了抗战。

为了寻找合适的造林基地，陈润霖走遍了湖南的山山水水，最后确定为蔡伦的故乡耒阳。耒阳气候潮湿，加以桐油树、桐油都有毒，种子的毒性最大。陈润霖成天与之亲密接触，浑身出现了过敏症状。慢性哮喘病由此开始，牵延不愈。植树造林季节，陈润霖拄着拐杖，啃着粗硬的干粮，喘着粗气咳着，坚忍不拔地考察。这严重损害了他的健康。陈润霖一辈子办学，呕心沥血，没有这么大的伤害，最终却是为了炼出汽油，支持抗战，把身体搞垮了。陈润霖的堂弟陈能密是个医生，见此状况，不得不辞去在锡矿山的职务，跟随在陈润霖身边，充当保健医生兼私人秘书。

历史是不能假设的。但不妨设想一下，如果这一次陈能密能跟在身边，肯定会是另外的结果。陈能密作为医生，认为此时的陈润霖必须有医生时时跟随，这是一个正确的判断。

而陈润霖是为了他人的前途和事业，谢绝了这个好心的建议。真是令人感到无比痛心。

船经过洞庭湖后，便是溯资江逆行。寒冬腊月，天气本来就冷，几天水上航行，更是冷风灌船。本已哮喘严重的陈润霖，病情便更加严重了。到达一个叫三娘子的地方，陈润霖一行靠岸休息。这里粮食十分紧缺，好不容易店主才端出一碗菜粥。

吃了菜粥，继续赶水路。由于风大，身体虚弱的陈润霖病倒了，发起了高烧，不能进食，沿途又找不到医生。陈志刚只好花重金，加请纤夫，求船家加快赶路。这天，陈润霖的呼吸更加困难起来，胸腔拉风箱似的作响，陈志刚见岸上有一栋瓦房，急忙靠岸，求这户人家安置下来，又求人家到很远的地方去请大夫。陈志刚在病床前守候，不停地望着门口。偏偏这时又下起了小雨，真是急死人。

陈润霖忽然说起了胡话，陈志刚暗暗心悸。好不容易，老大夫坐着轿子来了，陈志刚如见救星，翻身跪倒说："求大夫救救我爸爸!"老大夫连忙扶起他。老大夫把了脉，脸色十分凝重。对陈志刚说："公子，请借一步说话!"于是，退到堂屋里，老大夫说："令尊大人脉象已散，只怕用药也只是尽人事而已。我带了一支山参，只能吊吊命，先去熬碗独参汤吧!"

老大夫问了发病经过，陈志刚说："刚才还醒来，清清楚楚地说了不少话。"老大夫吃了一惊说："哎呀，那是回光返照，参汤只怕也没有用了。"

回到病床前，陈润霖已经只有出气，没有进气了。老大夫说："让老人家躺好舒舒服服走吧!"

平凡而伟大的教育家陈润霖与世长辞了，这一天是1946年1月26日。陈润霖享年67岁。当时没有开追悼会，没有立墓碑。

几个月后，学校董事会在长沙市为陈校长补开了追悼会，会场设在当时的湖南省政府礼堂。陈校长是湖南教育界耆老，各界送来的挽联很多，布置会场时遇到了一个难题，即会场太小，如果把挽联都挂出来，会场容纳不了。于是决定，除各界头面人物送的挽联必须挂出外，只挂少量挽联中的佳作。陈校长遗像两旁按当时的世俗习惯，应悬挂政界头面人物的挽联。但布置会场的人认为这些人所送的挽联是千篇一律，没有脱俗，他们决定冲破这一局限，另选精华。通过几次筛选，他们选中了曹典球先生的一副挽联，并把挽联悬挂在会场正中陈校长遗像两侧。联曰：

独步四十年，明月无瑕岂容易；

何时一樽酒，菊花从此不需开。

上联大意是陈校长四十年竭尽全力办学，为祖国培养人才而几次辞官不做，像明月一样无一点瑕疵，是不容易的。因陈校长一生爱养菊花，在储英园种有各种菊花几千种，每年到了重阳佳节即邀请亲朋好友、各界名流到储英园赏菊。下联词意是什么时候再会有赏菊酒会？爱菊的人走了，菊花从此也不需要开了。

开会那天，长沙各界尤其是学界前来参加追悼会的人很多，礼堂站满了，不少人只得站在礼堂外面。追悼会开得悲壮隆重。

陈润霖校长逝世后，楚工元老集会楚工校园，共商继承先生遗志，复校长沙大计。随后，由曹典球、彭国钧、余籍传、孔文达、黄德安、吴伟常、朱经农、张炯、周凤九、成希文、黄汉江、李百葵、张煦秋、陈志文等组成学校董事会，并决定楚小由陈志文任校长，楚工由孔文达任校长，吴伟常任教务主任兼机械科主任，黄汉江任矿冶科主任，袁国荫任土木科主任，李百葵、袁麟石等均承担复校重任。在广大校友支持下，筹得一笔资金，用以重建校舍。1946 年 4 月，校舍落成，在长沙稻谷仓原址正式开课，楚工又从废墟中站起来了，但一切因陋就简，只求迅速复校。

抗战胜利并没有给人民带来幸福与安宁。政府腐败，通货膨胀，物价飞涨，民生凋敝，学生无钱上学，教师生活艰苦，学校负担沉重，学校与师生仍然陷于深深的困境中。

1947 年 1 月 5 日清晨 5 时许，教务主任吴伟常首先发觉教学楼办公室闪现火光，赶紧前往查看，确为室内起火，立即报知消防队扑救，至 6 时 30 分始得扑灭，火已蔓延烧毁办公室一间、教室五间。该教学楼每晚熄灯后，办公室及教室俱已关锁，并未住人，大火幸未危及师生。楼内储存从新化白沙洲运来的部分图书资料、理化实验仪器等，均未开箱，几乎全被烧光，大伤元气，给楚工后来的教学带来严重困难。这场火对于经济十分拮据的学校，犹如雪上加霜。为了维持教学不致中断，只得将留在新化的机床设备等全部运回长沙。

1949 年，国民党政权内战败局已定，在这暴风骤雨即将到来的前夕，为了生存自救，教育界成立了长沙市中等以上学校争取和平联合会，楚工学生积极参加反白色恐怖、迎接解放和护校等活动。

1949 年 8 月 4 日，程潜、陈明仁两位将军通电宣布起义，8 月 5 日傍晚，人民解放军入城，湖南宣告和平解放。学生自动组织上街迎接解放军进城，游行队伍浩浩荡荡，楚工学子也在其中。楚工护校师生打着校旗上街夹道欢迎，放假在家的楚工校友也参加了这一盛典。从此楚工校园充满欢乐的气氛，虽未开学，但在长沙的同学经常来校参加各种活动，唱革命歌曲、扭秧歌舞，热闹非凡。

9 月上旬，楚工正式开学。废除公民课和军训课，增加了新设的政治课。学生对新社会充满美好的憧憬，新来的政治老师竟成了咨询员。湖南省解放军军事管制委员会成立了文教接管部，对各校进行接办。按先公立、后私立，先重点、后一般分批进行。第一批接办的是湖南大学、湘雅医学院、第一师范、省立一中和长沙高工。楚工为争取早日接办，机械科 36 班和矿冶科 27 班同学集体去湖南省军管会咨询，当学生提出最关心的就业问题时，接待学生的王首道省长的秘书笑着说："恢复经济任务极为繁重，大规模经济建设即将展开，你们抓紧学习，工作问题政府全包，不用你们自己操心。"得到这个答复后，同学们满怀信心，兴高采烈地回校了。果然，还没等到期末，省里就向学校要毕业生。1949 年上期毕业的机械科 35 班的同学于 9 月份随东北人民政府招聘团北上；1949 年下学期的毕业生，提前一个月完成毕业考试，参加革命工作。

为了欢庆中华人民共和国第一个国庆日，楚工全体学生于9月30日晚上参加了各界人士在长沙又一村广场举行的盛大集会。当时反帝爱国宣传活动日趋高潮，举办控诉日本帝国主义侵略中国图片展览，驱逐帝国主义走狗余道成，庆祝西藏和平解放，学习土改政策，欢迎解放军肃清土匪胜利归来。楚工学子积极参加这些社会重大活动，走在战斗的前列。

1949年10月1日，新中国成立。陈润霖虽然没有亲眼看到“挽天下于危亡”的毛泽东创建新中国的成功，但是，毛泽东在他迈过“万里长征第一步”之时，更怀念陈校长对自己的教诲之恩。他在多次接见原先第四师范的师生时，反复回忆当时陈校长对自己的教诲，颂赞曰：“陈校长一生省吃俭用，创办这么多学校，学生逾万，桃李遍及天下，为中国革命和建设，功勋卓著，堪称‘先天下之忧而忧，后天下之乐而乐’的楷模……”在一次同周世钊先生谈话时，还深情地回忆当年陈校长鼓励学生提问的往事，周先生听了十分感动，后来对人们说：“毛主席就是这样，经常邀请他的老师和同学来他家里‘叙旧’，喜欢对老师的教诲反复‘温故而知新’，激发自己继续革命……”

1956年，中共中央号召全国人民“向科学进军”，恰逢陈润霖先生逝世十周年。当时在长沙的原先楚怡、第四师范的师生，筹办纪念早年提出“向科学进军”的陈润霖先生座谈会，要求周世钊先生请毛泽东为这次座谈会题词。

毛泽东听了周世钊先生的汇报，异常高兴地说：“这很应该，这很应该，没有前人栽树，后人哪里有地方乘凉躲雨？如果陈校长活到今天，还只有七十七岁。这样的座谈会，应在北京召开。”于是，欣然命笔，为他心目中“杰出的人民教育家”题曰：

纪念陈校长夙荒先生：

东方的曙光，空谷的足音。

受业毛泽东

毛泽东用“东方的曙光，空谷的足音”高度赞扬陈润霖先生光辉的人生，以及其对国家的巨大贡献，深切表达他对陈校长教诲之恩的无限怀念。其中“受业”是学生的意思。毛泽东当时已是国家最高领导人，是当时世界政治舞台中叱咤风云的人物，对陈润霖先生仍然自称“受业”，充分反映他尊师的风范。参加这次座谈会的原先楚怡、第四师范的师生及当时湖南的党政领导、人民代表无不为之感动，无不激发对“东方的曙光，空谷的足音”的陈润霖先生的思念和敬仰之情。

第十章　楚工改制

一

早在1946年末，孔文达校长因年老体弱而辞职，由董事会推选当时任田粮处处长的原楚怡小学主事黄德安任楚工校长，孔文达退居第二线任秘书。

1949年5月间，长沙银宫电影院放映《一江春水向东流》。有同学说，只要胸前佩戴证章就可免票看电影。这对无钱购票又没有看过电影的学生来说，确实是个难得的机会。于是部分楚工学子都各自戴好证章，兴高采烈地去看电影。到了电影院，检票的不让进去。学生们说有证章，为什么不让进去？便一拥而入，各自找座位，第一次看上了电影。散场后，大家高兴地回到学校。

第二天，《小春秋》晚报登载了“楚怡学生看白戏大打出手”的消息，这激怒了全校学生，便一起找报馆评理，把“小春秋”报社砸了。

第三天晚上，学生代表到“小春秋”报社交涉。该报社社长李礼接待了学生代表，随后国民党长沙警备司令部某连长也到场参加调解。李礼社长在理屈词穷之后，承认了错误，决定次日在长沙各大报登报赔礼道歉。

当晚李礼社长从“小春秋”报社经朝阳街至稻谷仓楚怡学校，沿途鸣放鞭炮，欢送代表，赔礼道歉，全校学生欢天喜地。鞭炮不够，他只好将手表、钢笔抵押换取鞭炮，搞得他十分狼狈。

可是次日，事态急转直下，“小春秋”报社联络长沙部分报社到湖南省田粮处围攻黄德安校长，黄德安未坚持原则，又向“小春秋”报社赔礼。湖南各报声援“小春秋”而指责学生，遭到全校学生反对，学生联合起来罢课、游行、示威。

此时又爆出黄德安校长任湖南省田粮处处长时涉嫌贪污的事，在长沙成为重要新闻。于是，一些学生联合起来反对黄德安校长，提出“倒黄护校促新”口号，采取罢课等行动，并在长沙青年馆举行记者招待会，向新闻界提出“倒黄护校促新”口号，要求新闻界支持。这个活动历时三个月，随着黄德安涉嫌贪污在社会上曝光，学校董事会撤销了黄德安的校长职务，由钟伯谦任校长。

1949 年 11 月中旬，因伙食不好，楚工学生怀疑校长与事务主任勾结，克扣贪污，引起矛盾，部分学生上街游行。尤其严重的是，钟伯谦校长借此辞职，并向省人民政府请求停办楚工。

这时新中国成立才一个多月，全国人民沉浸在新中国成立的喜悦之中，这件事在全国的氛围中显得极不和谐，惊动了中央。公安部派人来到长沙会同省公安厅开展联合调查。

当时钟校长已不再视事，楚工领导班子等于自动解散。但老师、学生还在，教学还在继续。

教育厅考虑改组楚工的领导层，初步内定几位民主人士组成新的校董事会。11 月中旬，董事会正式成立。董事会一方面做好事态进一步扩大的应对预案，另一方面坚决否定了钟伯谦的停办楚工的请求。校董事会聘请民盟湖南省负责人、省工业厅副厅长、长沙机床厂厂长李维国任校长。李维国于 12 月初到校视事，随即聘请邹起予任总务主任。但还缺少一个能办事的人任教务主任。董事会一商量，大家推举郭道西。

郭道西出身于长沙的一个书香门第家庭，父亲郭德垂曾任湖南大学、湖南师大的化学老师。郭德垂夫妇及其七个子女先后参加新民主主义革命，被誉为“红色家庭”。1945 年，郭道西高中毕业后，考取中央大学机械系。此时正是抗战胜利，可谓“双喜临门”。郭道西在大学期间就秘密加入了党组织。1949 年 6 月，长沙特别支部调郭道西回长沙参加和平解放工作，负责清理整顿已被敌特破坏的长沙商业系统的地下党组织。郭道西在长沙和平解放前出色地完成了这一光荣而艰巨的任务。

8 月 5 日长沙和平解放后，党组织通知郭道西回市委报到，转省银行接受特别任务。11 月，他胜利完成任务，稳定了市场。

刚松口气，省教育厅刘寿祺厅长约他面谈。

郭道西见到刘寿祺厅长后，刘寿祺认真地说：“楚工是个办得很好的学校，人民政府不能让它停办。组织决定派你去楚工任教务主任，建立楚工的党组织。”

郭道西闻言一惊：“听说楚工都是些留学的教授、专家，现在又闹出事件，我能行吗？搞不好怎么向组织交代？”

刘寿祺说：“你是机械专业出身，与楚工专业相合。又经过多次斗争历练，组织相信你能行。”

郭道西沉吟了一会，说：“我深感自己太年轻了，怕担不起这个重任，最好另觅一个在长沙教育界已有声望的人充任。”

刘寿祺不容置疑地说：“我们已考虑再三，你就是这个最合适的人！1950 年元月上任吧！”

组织的决定就是命令。郭道西忐忑不安地接受了这个任务。

刘寿祺送郭道西出门，一再叮嘱说：“这是一所有近四十年历史的老校，办得很好的学校。新中国要实现现代化工业化，极需工业技术人才，不能让它垮下去。这个任务就担在你肩上了。”

一股热流涌上郭道西的心头，他感到肩上的担子沉甸甸的。

为了争取工作主动，郭道西12月间就与公安部和省公安厅联合组成的专门小组联系上了。

专门小组的一个负责同志接待了郭道西。

郭道西说：“同志，我是郭道西，组织决定让我下个月去楚工任职，我想先向调查小组了解一下楚工的调查情况。”

负责同志说：“您就是郭道西同志啊，很好，我们已经知道你就要去楚工任职的事了。你来得正好，我们交流一下，有什么问题尽管问。”

郭道西说：“楚工的事到底大不大？大到什么程度？请你们给我交个底。”

负责同志笑了笑，说：“没有发现政治问题，一些老师说了些落后的不满现实的话，还不属有意挑拨。”

郭道西又问：“那到底如何定性呢？”

负责同志说：“这类事件，一般很难即时决断。但游行属于共同纲领明文允许的民主行为，何况此事并没有引起连锁反应，所以一切都可视为人民内部矛盾。如果是事务主任克扣问题，可以将他免职。事务主任在钟校长辞职之后，已自动离职，因此没有必要追究。”

郭道西说：“那好的，有调查组的同志这么说明，我工作起来心中就有底了。”

负责同志说：“你马上要到任了，而且你不但要负责教务工作，还要负责建立楚工党组织，我们调查组的工作就可以告一段落了，稳定楚工的重任就全交给你了。”

郭道西紧紧握着那位负责同志的手。

1950年元月初，郭道西带着省教育厅的推荐信，见了李维国校长，通报姓名后，李校长高兴地说："已闻大名，早就等着你来上任了。"郭道西于是来到楚工，安顿住校生活事宜，拜会教职工，开始与楚工结下不解之缘。

机械科39班的唐乾三是长沙和平解放后第一批入校的。据他回忆，他入校后，学校就有了党组织，但没有公开。后来才知道教导主任郭道西是党组织的负责人。在他的组织领导下，学校的政治空气很浓，很快建立了社会主义青年团的组织，发展了大批团员。大多数同学都在学校入了团。还组织一些同学参加长沙市团委组织的夏令营活动，有的还参加了中共长沙市委办的积极分子训练班。1950年学校号召同学们参军，大家都争先恐后报名。唐乾三的父亲支持他报名参军的消息还登上了《湖南日报》。经过严格的身体检查，只有少数人被批准参军。1952年，学校又号召大家参加抗美援朝，全校同学又一次踊跃报名，唐乾三所在的39班就有23人获得批准。学校开了一次欢送大会，给他们披红戴花。40多人于4月1日离开长沙到武汉报到。到了武汉后，组织上告诉他们朝鲜战场快结束了，不需要他们去前线了。国家决定要建立自己的国防工业，急需专业人才，将他们分配到重工业部航空工业局所属的沈阳飞机制造厂、沈阳发动机制造厂、南昌飞机制造厂等工厂参加工作。这批同学后来都成为航空工业建设的骨干力量，为国家作出了应有的贡献。

二

1950年8月，董事会改聘湖南大学教授杨仲枢为楚工校长。

1950年年底，湖南省人民政府接管楚工，正式改制为公立，更名为湖南省立楚怡高级工业学校。

这一举措在全国同类学校中是第一例。学校体制和人事安排未做变化，这次大变是学校性质的改变，学校经费完全由国家承担，尤其有利之处是实行助学金制，不仅学杂费免收，还由助学金解决膳食费。这对贫困子弟实为天大之福，只需用功读书，毫无后顾之忧。更让楚工快出人才。

穷困问题，楚工自身也无法解决。楚工办学41年，培养了2020名毕业生。这个数量之少，如果放到今天的一所名校身上显然让人觉得不可思议。但这确实典型地反映了在旧社会培养人才之不易。现在一民办职业中学或大学，一届培养两千多三千多毕业生的大有存在。但旧社会为什么培养人才这么慢？主要原因还是人们太穷，那时候，识字的人都不多。能够读书的人是少数，而能够读到楚工，学习工科专业的人就更是凤毛麟角了。而楚工的学位也非常有限，最多时一届招180人，每科招60人。报考人数最多的时候达到8000多。

新中国成立后，国家建设对于人才的迫切需求，学校培养人才进度之极慢，形成了一对极其尖锐的矛盾。1951年2月18日，中共中央召开政治局会议，决定从1953年1月开始十年经济建设，要求建成现代化工业体系。搞现代化工业建设必须人才先行。人才从哪里来呢？第一个五年计划国家拟建设的工业企业大小上万家，而当时湖南省所属的楚工、长沙高工等六所高级工业学校，每校每年只能提供几十名毕业生。

中央政治局会议召开后仅两个月，湖南省决定将楚工、长沙高工和新化高工合并为湖南工业学校，并调省委书记黄克诚的夫人唐棣华和省委第二书记金明的夫人郑琳任正、副校长，便于省委直接领导，表明省委的决心大、措施强、行动快。

三校合并，变化最大的是楚工。长沙高工基本没有动，只是调整了几个教员。楚工则一分为二，留在原址的是机械和土木两科，且并入新化高工的土木科，改名为湖南工业学校二分部，共298名学生。曹典球将自己的文艺中学停办，将其建筑、设施、校园以及师资全部提供给湖南工业学校作三分部使用。于是，原楚工矿冶科迁往已停办的文艺中学校址内，与新化高工的矿冶科合并，并全部混合编班，分为金属采矿、金属冶炼、钢铁冶金三科，共7个班279名学生。

新组成的湖南工业学校下分三个分部，共设9个专业科，老生共计不到千人，而当年所招新生达千余人。这是一次大的调整，通过这次调整，楚怡高级工业学校在名义上消失了，这不是履行这次调整的上下各级人员不尊重楚工，而是三校合并，挂上哪一家校名作新校名都不合适。

这次大变化之后，郭道西仍留在稻谷仓原楚工校址的湖南工业学校二分部任二分部主任。这里留下了原楚工的两个科7个班。

第四次大变化是1952年9月启动的。这次变化是中南教育部根据国务院指示，全国中等技术教育进行大调整，这次调整以体制改革为中心，以大区为范围，以各工业系统为体系，实行大分散大重组。原楚工被分散成三个专门学校，这三个专门学校又分别并入几个学校分解出来的相近专业。以原楚工矿冶科为中心，组建了长沙有色金属学校，其中钢铁冶金科性质并非有色，则按性质并入武昌钢校。原楚工土木科，则重组中南建筑工程学校，同时并入了长沙公输和武昌高工的有关专业。机械科则与长沙高工的机械科共同组成了汉口汽车制造学校，并入了全中南区所有高工的机械科。直到1952年年底，湖南工业学校二分部机械科迁入一分部，土木科迁庐山，二分部撤销。

上述新体制中等专业学校，实际上代替了旧社会体制下的专科学校，直属工业部领导，学校规模小的有一二千学生，规模大的有三四千学生，师资力量雄厚，校舍都是新建，实习实训设备现代化。1958年之后，这些学校无一例外地都改成大学或与大学合并。

楚工土木科21班的陈显寰就在1952年这次调整中被并入中南建筑工程学校。他对当时的情况有着清晰的回忆：楚工土木科21班是1950年招生的，当时报考楚工者4000多人，从中录取了180人，编成土木、机械、矿冶三个班，每班60人。

1952年4月，由湖南省政府、省军区提前抽调土木科21班全体同学参加长沙大托铺飞机场新建工程，享受战士供给制待遇。

在楚工任教多年的文老师为学生上最后一堂国文课时这样说："都说湖南人出不得湖，现在你们都要出湖了。今后鹏程万里，前途无量！希望千里万里，不要忘了家乡，不要忘了稻谷仓……"当时学生们少年心性不识愁，下课后，在楼梯间看见文老师背着身子擦眼泪，才有了一种异样的感觉。

接管新学校的是刚刚胜利完成荆江分洪工程的转业部队指挥员们。军官们领着这些学生兵打起背包行军，从长沙经武汉、九江到庐山，狠狠地锻炼了他们一下。

土木科22班的童文鲁也是1952年同一批迁到庐山的，他回忆，当时的条件是比较艰苦的，除法定乘车、船外，一切都得步行，行李自己挑。他用扁担挑着一个箱子（装书及过冬衣服）、一个用油布包着的行李卷（一床被子和一床垫絮）。这对这个十四五岁的肩不能挑、手不能提的小知识分子来说是一副沉重的担子。到了学校之后，郭晋宣同学（年纪稍长，已婚）将较小的行李卷和他换了，以减轻他的负担。即便如此，从稻谷仓到火车站，他挑挑、歇歇，花了近一个小时才赶到，肩上的肿痛就不用提了。火车从车站出发了，晚上一点多钟抵达武昌徐家棚车站。下车后，同学们带着行李乘坐轮渡过江到汉口。在船上，同学们第一次看到了浩浩荡荡的长江以及汉口江岸的一片灯火辉煌，真是兴奋不已。尤其是看到那江边停泊的、即将乘坐的四层楼高的水上大厦“江华”号客轮，这一批湖南伢子，算是大开眼界了。不过，这种高兴劲待船靠粤汉码头时就消失了，因为又要开始从这里至（武汉关）码头（从此处上船去九江）的长征了。眼望着武汉关明亮的钟楼，耳听着时时的催促钟声（该钟15分钟响一次），他咬着牙，机械地移动着不听指挥的两腿，艰难行进……凌晨3点钟，同学们终于来到江华轮上，在船舶的过道上（这是五等散席），放下行李担，和衣倒头就入梦乡了。第二天，船到九江。学校除派一辆汽车装运老师，以及部分体弱同学的行李外，近千名同学背着行李，成两路纵队，浩浩荡荡地向庐山进发。

其时，庐山解放不久，蒋家王朝在山上丢下几十座空别墅（英、美、法式）等建筑物，供水供电设施都遭破坏，更无上山公路，上山只有攀越著名的好汉坡。好汉坡数百级石阶，笔陡笔陡的，让人望而生畏。学校规定，除年老教师可坐轿上山外，其余师生一律徒步登山，学生还得自带行李。

当时，童文鲁和同学合伙抬着行李，几步一歇地艰苦攀登。半山中，白云缭绕，似入仙境，但他们肩酸腿软，头重脚轻，也没有心情去观赏这些美好景色了。艰难地登上牯岭之后，同学们的愿望就是：“再也不下山了！”

庐山是中国有名的避暑胜地，人们一般是在夏季上山旅游。而这几千名师生则反其道而行之，为了新中国的建设，在这冰天雪地里，聚集在这里攻读。

教室兼宿舍的庐山大厦高大气派，这里还有大操场、会场、宫殿式的图书馆。学校发了棉衣棉被，于是这些满山活蹦乱跳的学生为这座名山又添了一道风景线。学生们来自中南各省，但人数最多的还是原楚工的学生，占全校三分之一。开会唱歌，阵营强大，各项活动都是主力。他们集中在建筑、结构两个专业，而施工、勘测两个专业则多为兄弟省的学生。

庐山是避暑胜地，学生们是秋天上山的，早晚已有霜冻。楚工的年老教师多没有来。学生们至为兴奋的是王正已老师不顾年高体弱，居然也来到了山上。王老师声望极高，全校上下对他极为尊敬，他的职务是教务主任，学校的教学计划就是他主持制定的。校长是位经过长征的军首长，高身段，腰板挺直，据说是腰部扭伤后用钢板支撑着的。下属教导、行政、后勤三大处的处长都是师首长。紧锣密鼓开学后不久，学校开了一次隆重的大会，相当于补行开学大典。王主任作为教师代表之首、学校领导之一登上了主席台，并发表了热情洋溢的讲话。他说："我们来到山上，只见满山树木都结起了冰花迎接我们，让我们同山上即将盛开的梅花一起开放，准备迎接祖国大规模建设春天的到来。"

山上的老师都比较年轻，不少刚从海外归来，讲话还习惯地带些英文，教学内容也偶尔超出同学们的知识范围。课程安排十分紧张，节假日寒假全部取消。一天，学生们去王主任的小洋房里，他语重心长地对学生们说："到处都等着你们毕业，延长学制是不可能的。在学校要学好基础课，培养好自学能力。课程都很重要，有的你们要学老牛吃草，先吞下去以后再慢慢消化。"

山上的学习、生活条件是非常艰苦的。当时正值冬季，最低温度为零下13摄氏度。没有自来水，早上洗脸用水，需去很远的河沟中提取。只有老师及女同学每天配给很少一点热水。有的同学上山不久脚上就生了冻疮，行走不便，每天早晨，都是同学帮忙从河中打来冷水擦脸（洗脚就更谈不上了）。由于没有热水洗脚，有的同学的冻疮烂了一个冬天也未愈。

学习、生活住地也非常分散，一个班住一栋小别墅。因人多，摆不开床，就睡地铺，上课、吃饭、开会都是在不同的屋子里，整天来回奔波。

党和国家关怀这批南方学生，每人发一套全新的棉衣服以及棉帽、棉鞋，还有一床大棉被。发衣、被的情景非常壮观和有趣。几千名男、女同学排成一字长龙，一个一个地发，不准挑，有的女同学拿到很素净的被子，而有的男同学却发了床大红花被子，同学们都乐呵呵的。

由于整天积雪，坡陡路滑，走路也成了难题，同学们经常跌倒。有的同学想法买双草鞋套在棉鞋上防滑，但是走路仍然提心吊胆。直到1953年年初，学校集中到了“传习学舍”，情况有所改善。传习学舍是大层楼，依山而建。这里房间很多，全校同学读书、居住皆可容纳。学习、生活条件虽然艰苦，但师生们都互相友爱、团结，学习情绪高昂。学生在校的一切费用，都是国家包干的，书籍、绘图仪器也是学校发给。

学校共分四个科：设计科、结构科、施工科、勘测科。楚工土木科同学编在设计科，土木科21班为“设一班”，土木科22班为“设二班”。

学校行政领导都是由部队转业军人担任，郑校长原是副军长（参加过荆江分洪工程建设，后任中南建筑工程局局长），带领一批师、团、连级干部担任各级行政职务，各班都配一名指导员。由于当时庐山社会秩序不安定，他们都是配备警卫及枪支的，看起来非常威武。

1953年春暖花开的时候，同学们又奉命再迁武昌。数千名同学背着白色被包，雄赳赳、气昂昂地沿着山路下山。这是在党的阳光抚育下，经过严冬的一支年轻的“铁流”，即将成为社会主义大厦坚强的奠基石的同学们来到武昌，继续完成学业。当时校舍尚未建成，借用军区办公楼，坐在地板上听课。最初在水果湖八大建筑内攻读，后又迁至马坊山新建校舍，同学们先后去建筑工地进行教学实习，做毕业设计，编写毕业论文。

1953年10月，全班同学以优良的成绩结束艰难可贵的学习生活，正值国家大规模经济建设的第一个五年计划开始，全部由国家统一分配工作。创建40余年的楚工，至此光荣地完成了她的历史使命。

第十一章 母校情深

校友聚会，看望老师，畅谈友情，这本是人之常情。但你见过已经七老八十的曾经的学生，不远千里，去给一个已经去世半个多世纪的老校长扫墓的吗？校友们编个通讯录，编个照片册，写写同学寄语，也是常有的事，但你见过一个学校已经消失了近半个世纪，而她那些年老体弱的学子们依然聚到一起，正儿八经地修校史，组织校庆 80 年聚会、90 年聚会、100 年聚会，并出版纪念专刊的吗？学子们对母校的那份感情是那么的深厚。是什么原因，让他们对母校怀着如此深情？是什么原因，让他们对母校如此感恩？是什么原因，让他们盛世修史？又是什么原因，让他们对母校的点点滴滴念念不忘呢？

对此，楚工土木科 3 班的刘兴衡如此解释：楚工学子如此怀旧，原因很多，但主要的一条是："我们就学楚工三年，决定了我们一辈子的命运。教师们传授给我们许多专业知识。我们秉承校训，自我努力，在长期实践和锻炼中，各有不同程度的充实和提高，增进了为人民服务的本领，不断孕育了高尚的事业心，所以我们永远没有失业，有一颗赤心为社会、为国家作奉献。"

原来，楚工学子怀旧，是因为楚工教给了他们真的本领，是因为楚工孕育了他们高尚的事业心，是因为楚工培养了他们热爱祖国的一颗红心。

一

让我把镜头拉回到1998年。

1998年10月的一天，楚工机械科35班毕业生宋才飞、土木科13班戴铁元、土木科21班陈显寰一行三人，千里迢迢，相约来到湖南省新化县，寻访白沙洲校园故址，谒陈润霖校长墓茔。

到达新化县城的第二天清早，朝雾漫江，晨曦微赤，他们三人手捧花圈从大街上来到码头。正值国庆期间，人们喜气洋洋地欢度国庆长假，而这三个上了年纪的男人如此举动，聚焦着古城男女老少的目光，惹得路人迷惑不解。

他们从向东街码头登上资江的小轮舟，前往楚工学子心中的圣地——白沙洲。其时，从新化县城坐班车到白沙洲已非常方便了，但他们还是选择了曾经的交通工具，选择了从水路到达。

小轮划破一江秋水，青山喜迎校友归来。白塔依旧耸立江畔，却话不尽人间沧桑。宋才飞等三人立在船头，心潮澎湃，脑子里顿时浮现起在战火纷飞的年代，楚工学子为拯救祖国于危难，不畏艰辛，不顾安危，刻苦攻读，以求救国之道的情景。而今，世易时移，人生易老，举目尽是年轻人，尽是新生的面孔，知识更新换代，网络改变世界，自己已进入暮年。几十年后故地重游，恍如隔世，心中不免涌起几分惆怅。

小轮鸣响一声长笛，打破了他们的沉思。抬头一看，船已过游家码头，白沙洲遥遥在望。

从白沙洲码头上岸后，只见码头一片平沙，洁净纯粹，彼岸则削壁悬岩，风景优美如画。重新踏上半个多世纪前的这块读书奋进的热土，宋才飞等倍感亲切，又感慨万千。

他们首先去寻找陈润霖老校长的墓茔，沿着土路，经过农舍，穿过密林，他们终于看到一代宗师陈老校长的墓静卧在色彩斑斓的野菊和杂草丛中。那菊花，正是陈老校长生前最为喜爱的花，它们懂得陈老校长的心思，簇拥在墓茔的四周，有白有黄，灿烂得有如陈老校长的笑容，在丛生的杂草中，它们开得顽强而自信。

宋才飞等三人恭敬地献上花圈，肃穆地三鞠躬之后，在墓前默哀良久。这哀思，穿越了半个多世纪，这哀思，穿越了几千里空间，这哀思，凝聚着四十多年来楚工三千多学子无限的敬仰！陈老校长的事业，有如眼前一望无际的金谷飘香。

这也许是世界上最寂寞的坟墓，半个多世纪以来，很少有人来这里挂青；这是世界上最朴素的坟墓，若不是校友呼吁，也许连坟茔都找不到了；这却是世间最美的坟墓！

白沙洲这片热土不会忘记您，滔滔资江不会忘记您，悠悠梅山不会忘记您，长江黄河不会忘记您，蓝天白云不会忘记您啊！

宋才飞等为陈老校长的墓刻字添加红漆，墓侧的碑文记载着陈老校长的丰功伟绩，由于风化严重，字迹难辨。他们一笔一字地分辨，详做记录，精细补描，以示后人。

随后，他们寻找校园遗址，旧时的文昌宫、李家大屋已荡然无存，昔日的校园已是稻田一片，机械科、土木科、实习工场和大操坪已零落成稀散的农舍，只有矿冶馆幸存两间青砖平房，那正是陈老校长旧时的居室。

这真是天意啊，这么多建筑都坍塌了，唯有老校长的居室犹存。

他们轻轻地探进庭院，犹如走进历史，犹如走进了穿越剧的现场，现实和历史在脑子中叠相交映。

庭院中一株生长茂盛的桂花树，那是楚工校友所植。它散发着沁人心脾的芬芳。

三位校友久久伫立，在这里，他们终于感受到一点点旧时的气息。

漫步资江之滨，凝视一江碧水，一幕幕幻景迎面而来：楚工学子风尘仆仆走上码头，奔向学校；青年学友在资江风浪中拼搏；同学面对崇山峻岭，呼唤悲歌，欲唤醒沉睡的东方雄狮……

土木科21班陈显寰赋诗：

念念深情约，重访白沙洲。六十年前故地，资水去悠悠。抗战风烟已杳，校长坟茔如昔，伟业著千秋。且喜风云后，桃李壮神州。

这是穿越43年时空之后的一次深情回望。43年，足以让多少往事付诸笑谈之中，而上了年纪的这三位老人，背负着两千多楚工学子的心灵寄托，穿越千里山河，来到故地重游。多少感慨，多少回忆，多少往事，多少情怀，都在此时此刻三人的胸中交错。

二

“楚工”二字深深地印在每一个楚工学子的心中。不管在哪里，只要听到是楚工的学生，就会感到十分温暖，就会伸出援助之手，就会不遗余力地支持。楚工二字是楚工学子之间的通行证，也是楚工这个大家庭共同的亲情密码。他们相互关爱，相互尊重，在那艰苦的岁月里，谱写了一曲曲感人的楚工情之歌。

楚工土木科11班张鸣玉回忆，1942年冬，他在沅水工程处工作时，突发严重的伤寒病。身在山区，举目无亲，而又无医无药，已处于昏迷状态。住在隔壁的“处长”，对此视而不见，漠不关心。过了一段时间，土木科4班的余贻苐、土木科11班的蒋崇朴两位同学从工地回来，见此状况，马上用热毛巾等进行应急处理，并给他喂温开水。见此无用，马上又找来两人，四个人以被代担架，每人提一角往外就走。没有担架，提着被子里的人，是非常累的。但他们不顾一切，左右手轮换着一口气将他抬至相距约15里的县城求医，一个个累得汗爬水流。可由于伤寒严重，张鸣玉已是气息奄奄，医院拒不收治，说是无法抢救，要他们安排“后事”。两位同学绝不放弃，一连去了七所医院或诊所，都说他的病无法挽救，拒绝收治。最后找到一家医院，两位同学苦苦相求，医院才勉强收治。那次他的伤寒也确实严重，经过27天的治疗方睁开眼睛。一个多月时间里，都是两位同学和他们叫来的同事一起帮忙轮流照顾，共同捐款。在两位同学和同事的悉心照料下，张鸣玉才渐渐好转，直至康复。此恩此德，张鸣玉没齿不忘。

1944年日寇迫近湘北，张鸣玉在常德机场工作，机场撤退到芷江后他即被解雇，过着流浪的生活。这说明国民党不但人与人之间极为冷漠，用人单位也是过河拆桥，没有半点仁义道德。这样的党不亡，真是没有天理。

在流浪中，张鸣玉无意中遇到芷江县政府一位职员，交谈之下，得知他是楚工机械科14班的同学段荫南，彼此一见如故，一下就亲近起来。段荫南是管建设的，便留他临时参加纠正大量田亩差错的工作，张鸣玉于是得以安身。

1945年秋，张鸣玉阅报得知成立了西南公路局芷江分局，并得知土木科4班符盛荣同学在该局工作，张鸣玉马上去找他，自我介绍，说明来意。符盛荣听说是楚工同学，分外热情，毫不犹豫，立即领他去面见周凤九老师。周凤九老师此时是西南公路局局长。周局长亲切地问了他一些情况，同意接收他参加工作。了解到他目前的困境，周局长还给他一床蚊帐和一套衣服。张鸣玉从此参加工作，直到1974年60岁退休。“我深深感到只要有楚工同学的帮助，一切困难都能迎刃而解，真正是情同手足、亲如兄弟，令我感激难忘，终生怀念！”张鸣玉真诚地说。

张鸣玉的经历是楚工学子互相帮助、相互关心的一个例子。这也印证了楚工土木科学子的一个共识：“周老师的学生没有失业的。”

三

据土木科3班刘兴衡回忆，土木科3班1931年春入学时30人，1933年冬毕业时只有22人。毕业时，刘兴衡邀请全班在家里大聚一次，便依依惜别。除杨理准一人升入湖大土木系深造外，其余都由周凤九老师安排在湖南省公路局、长沙迪新土木建筑公司等部门工作。人人对母校感情极深，念念不忘恩师和好友。当时胡夕冰在长沙工作，他提议组成本班同学会，以增进友谊和切磋学术为宗旨。大家表示非常赞成，即由他负责长期举办，并命名为“念念同学会”。“念念”二字语意双关。1936年冬，开始不定期出版《念念通讯》，请陈润霖校长题写刊名，作为互通声气、传递友情和研讨学术的媒介。此事得到周凤九老师的赞许。出版3期后，抗战爆发，交通阻塞，音信隔绝，活动被迫中断。

1980年，胡夕冰、刘兴衡发起恢复念念同学会联谊活动，当年6月1日首次在长沙又一村聚会，到会的只有在长沙的6人。从此每年在长沙聚会一次，是谓年会，由在长沙的同学轮流作东。每年聚首联欢，摄影留念，并征集去世同学遗照，建立相册。1983年恢复出版《念念通讯》。1985年9月在长沙陶家山聚会时，土木科3班省内外仅存8人全部到齐，邀请在长沙的家属、遗属参加，共20人与会。1986年是楚怡建校80周年，8名楚工学子聚会，编写特辑。《楚怡建校80年特辑》上刊登8人聚首照片，并加按语："念念同学会经过半个世纪沧桑变化，仍能紧密团结，互相关心，情同手足，实为楚怡独放异彩的一个班级，十分可贵。"

同年，编印《念念同学家谱》，记录现在同学全家和去世同学遗属情况。1989年在长沙雨花亭举行第10次年会，特邀土木科1班杨永圻、土木科2班黄豫安、土木科5班欧阳子黄、土木科7班梅焯达四同学参加联欢。他们一致要求把同学会扩大，为创建土木科同学会播下了种子。1990年，编印《念念诗文选》。

1937年，矿冶科15班的同学在第二学年的时候，与矿冶科12班的同学偶然取得了联系。为保持毕业后仍能保持联系，曾成立矿冶科12班的同学会。接着有同学倡议在该班同学会的基础上扩大范围，联络矿冶科以往毕业和在校各班的同学，成立一个以联络感情、交流学术为宗旨的"楚工矿冶学会"。倡议提出以后，很快得到在校同学的响应，毕业离校的同学也纷纷来信支持。于是在1937年下半年正式成立了"楚工矿冶学会"，从此矿冶科毕业和在校各班的同学取得广泛的联系，经常有书信往来。并于1938年上半年出版了第一期《楚工矿冶》期刊，除交流信息外，还刊登了多篇同学们自行撰写的学术论文。计划以后每年出版期刊一次。抗战期间停止了一切活动。1946年复校长沙后，学会也随之恢复了，校友之间相互关心，书信往来也绵延不断。

从1980年起，念念同学会恢复之后，最大的收获不止于延续和加深感情，更重要的在于相互砥砺、共同促进，大家抱着向前看的态度，继续为国家早日实现现代化做些力所能及的贡献。壮心未与身退，迟暮更显光辉。为了工作需要，大家都推迟了退休时间，如戴德炎70岁、杨理准72岁、刘兴衡73岁才退休。而且退休后继续发挥余热，如杨理准应交通部之请，主编修订《公路桥梁施工技术规范》和编写《公路桥涵施工手册》，共约180万字，又担任《公路路基施工技术规范》的修订任务。戴德炎接受返聘，参加大秦铁路施工和筹建电石厂达三年之久。胡夕冰在20世纪80年代应湖南省公路局邀请，编著《公路养护管理》一书约40万字，作为职工教材。经反复修正，第三次出版发行全国。又应聘参加《湖南公路史》编纂工作7年，收集资料约45万字，已于1988年出版。唐声琮应湖南省交通厅之请，一度参与讨论修建常德沅水大桥设计方案。辛安1985年一度应原籍耒阳县307国道扩建指挥部之请，参加施工管理。刘兴衡被选为湘西自治州政协委员，参政议政，直到1987年。

土木科3班的念念同学会应四位校友之嘱，于1990年年初发出扩大同学会的倡议，于当年6月首次组织土木科同学数十人大联欢。一致同意成立土木科同学会，推选20余人组成理事会，并互推土木科6班钟笃成为理事长，积极开展工作。由胡夕冰负责，一方面不定期编发《念念简报》，一方面广泛调查和着手编辑《楚工土木科同学录》，于1991年8月印发给各地同学。1998年春节，楚工土木科创建70年之际，胡夕冰再度调查，重编《楚工土木科同学录》，使楚工土木科同学之间的联系更加紧密。

胡夕冰提出发动三科健在同学来写《楚工校史》，纪录母校的业绩，借以传诸后世。刘兴衡和杨理准深表赞同。因此，以念念同学会的名义于1998年春发出编写《楚工校史》的倡议，得到数以百计的楚工校友的热烈响应和积极支持。竭三年之力，《湖南楚怡高级工业学校校史集成》于2001年付印。2010年，编写《楚工百年纪念专辑》。

校友聚会时，还发生了一个“遗像聚会”的感人故事。

土木科18班的周凡森（在校名周蕃生），湖南浏阳人。后毕业于天津南开大学，退休时任云南省个旧市冶金研究所副所长。1954年响应党的号召，扎根祖国的西南边陲，是云南教授级高级工程师。为个旧冶金研究奋斗了一生，取得科研成果20多项，经济效益显著。多次州市获奖，被推举为红河州化工化学学会常务副理事长，任个旧市第三、四、五届政协委员。

退休后，他怀念楚工培育深恩，偕夫人聂丽华女士一道来长沙寻根觅友，终于找到了可称“长沙楚工校友之家”的乔庄20号胡夕冰学长家，接着又找到同班学友。共同回顾母校，事事同知，心心相印，倍感亲切。决定2001年回长沙参加楚工校史首发式盛会。不料从个旧启程几经周转迟到一天，抱憾之余，只和本班其他四位同学（南阳何荣华，长沙王达仁、刘楚栋、袁伯林）一聚，回忆在校趣事情景。五对夫妇共同欢唱校园歌曲，尽情欢叙，相见恨晚，相约再次圆梦聚长沙。

2006年长沙校友相约重阳聚会，凡森得知决定偕夫人一道参加，并电话表态：“浏阳有长兄，长沙有学友，一定赶回团聚。身体不好，爬也要爬回来。”不料心脏病突发，于7月11日猝逝于个旧。夫人聂丽华女士为完成丈夫遗愿，不远千里，携照归还浏阳，并于10月22日参加楚工校友长沙聚会，情意拳拳，感人肺腑，受到聚会校友崇敬。长沙楚工校友分会彭骥代表校友，在《楚工长沙校友联谊通讯》上撰联致意：

夫人捧遗像归来，创业他乡才德著；

校友正重阳聚会，缅怀同学感情深。

楚工校友对母校情深至此，实在感人至深。

第十二章 百年荣光

陈润霖教育救国、实业救国的理想，也是近代以来许多仁人志士共同追求的理想。这也是楚工始终保持红色基因的根本原因。当抗战开始以后，人们对抗日前途感到迷惘的时候，陈润霖坚信毛泽东的持久战理论，相信中国必胜，抗战是长期的。因此，他并没有对抗战胜利失去信心，而是提早准备，将学校的重要设备迁到了新化老家，兴建校舍，做好长期在新化办学的准备。抗战期间，他让学生一手拿枪，接受军训，一手握笔，搞好学习。还有学生投笔从戎，走到了抗战的前线，成为抗日的英雄。

楚工学子具有红色的基因，当他们面临两种选择的时候，总是能毫不犹豫地选择正确的一方。当祖国最需要的时候，他们能够挺身而出，吃苦耐劳，无私奉献。在大革命时期、抗战时期，特别是在新中国的建设中，楚怡学子在祖国建设的各条战线上，创造了彪炳千秋的业绩，创造了属于楚工更属于祖国的百年荣光。正如楚怡校歌的歌词写的："勉我少年兮，前途万里今日行，爱自由兮自治，爱独立兮自营，强身强国，精神以导，何事不可成！共勉为君子兮，以贻本校之光荣。"

楚工最后一批学子走向社会的时候，正是我们国家大力开展经济建设的时期，而刚刚从战争中过来、一穷二白的新中国，需要大量的专业技术人才。楚工在41年办学中所培养出的2020名专业技术人才，大部分生逢其时，投身到祖国伟大的建设中去，为新中国的建设创下了许多开创性的功勋。为了国家的建设，楚工学子大多延迟到七十多岁才退休，为国家贡献了毕生的精力。

楚工学子投身在祖国的各条战线，他们在各条战线上都是技术骨干，突破了很多技术性的难题，举凡鞍钢、武钢、攀钢、湘钢、涟钢等国有大中型钢铁企业，都有楚工学子担任技术骨干。楚工学子在机械工业领域，攻克了许多难题，创下了前所未有的业绩。“没有楚工，就没有湖南的矿山”，楚工学子在全国特别是湖南的煤矿、锰矿、锌矿、锑矿等矿山的开采上，创下了许多了不起的业绩，冶炼技术达到了国际先进水平，改变了国际学术权威的既有认知。“没有楚工，就没有湖南的公路”，楚工学子所修筑的公路桥梁，遍及大江南北，所修建的桥梁克服了不可想象的困难，创造了许多建筑奇迹。国家大剧院、毛主席旧居翻新、唐山重建等重要建设工程，也都由楚工学子担任技术骨干。甚至在“两弹一星”的研发工作以及航空工业、海港工程、煤炭工业、电力工业等许多国计民生的行业都立下了汗马功劳，创造了属于楚工更属于国家的百年荣光。

楚工，这所在历史上消失了近半个世纪的工业学校的名字，在过了近半个世纪后，重新被树立成为湖南职业教育的品牌，离不开楚工学子创下的百年荣光的照耀。现在，笔者在写这本书时，把这一章作为重中之重，郑重地从《楚工百年纪念文集》和《湖南高级楚怡工业学校校史集成》中引用其记载的楚工学子的光荣业绩，就饱含着对先贤的敬重和纪念。但限于篇幅和讲述的逻辑，很多楚工学子的业绩还不能组织进来，只能深表遗憾。笔者在读这些史料的时候，往往热血沸腾、潸然泪下。在此，笔者满怀崇敬之情，向杰出的楚工学子致敬！同时，向这些满怀对母校的一片深情，不计个人得失，潜心修史的校友们致敬！是你们几次修史，才有今天我这本小书的面世。我在写本书的时候，常常面前浮现一大批德高望重的老者，汗流浃背地在组织座谈，在记录，在收集编写所征集的文稿，并印刷成册，然后将之慎重地交给我，让我来写书。

我在引用这些史料的时候，有一种沉甸甸的历史责任感，生怕将重要的史料漏掉了，常常为删掉了一些史料感到割肉般的心痛。同时，又为原文照引较多而感到惭愧。因为修史者的文字严肃、认真，对字句的推敲也很讲究，这种基于史实的文字，有时也并不是我所能改得动的。

因此，这一章的文字更加偏重于史料，读者可以慢慢读来，在先贤创造的荣光中行走。我想，你一定会在阅读中感觉到先贤的智慧、坚韧和优秀，一定会被先贤的创新、攻坚、克难精神所鼓舞。

一

新中国成立初期，为了尽快从根本上改变旧社会给我国留下来的贫穷落后面貌，党和国家提出了以恢复国民经济为中心，把发展重工业放在优先地位的方针，开展了大规模的工业建设。楚工学子满怀激情奔赴全国各地。由于楚工地处中南，各科同学都有相当一部分被分配到第一个五年计划苏联援建的156个项目在武汉地区的大型工矿企业中。

楚工机械科34班的冯志纯同学任武汉钢铁设计研究院总工程师、教授级高工，曾是武钢大型轧钢厂设计总负责人，并参加了武钢“〇七工程”的设计与建设。还担负过大冶特殊钢厂中型轧钢车间、上海宝钢冷轧厂、本钢冷轧薄板厂一系列重大项目的设计任务，被授予“轧钢技术专家”称号。

楚工矿冶科30班傅世敏任武汉科技大学冶金系教授，除陆续为武钢培养和输送了许多优秀的专业技术人才外，还长期配合武汉钢铁进行科研工作，解决了一些技术难题。除此之外，她还与宝钢、攀钢、重钢、湘钢和鄂钢等钢厂进行过多项科研课题合作研究，在国内学术刊物上发表论文20余篇。并著有《高炉过程气体力学》一书，被誉为高炉气体运动力学方面的权威，曾作为访问学者应邀赴俄罗斯利佩斯克工学院讲学。

武钢是新中国成立后兴建的第一个现代化大型钢铁联合企业，楚工同学在这里比较集中，据不完全统计有66人，分布在冶金、矿山两大系统的设计、建设、生产、经营管理、科学研究、技术教育等部门，不少人参与了武钢规划、设计、基建生产的全过程。他们在工作中充分发挥了楚工人勤劳刻苦、奋发进取的优良传统，运用所学专长，在武钢的建设和发展史上写下了光辉的一页。这些人在实践中也得到了锻炼和提高，大部分取得了高级工程师职称，有的担任了部门负责人，成为专业技术骨干。

楚工土木科22班毕业的梁志鸿，曾在武钢建设公司任职，由于成绩卓著，被评为劳动模范，出席了1956年第一届全国劳模表彰大会，受到了毛泽东、刘少奇、周恩来等党和国家领导人的亲切接见。

楚工机械科38班毕业的魏家达，长期从事冶金企业给排水专业技术工作，转战武钢、攀钢等厂，历任供水厂技术科长、技术改造办公室主任、副总工程师等职，初期为解决武钢的工地施工、生活用水及厂区、住宅的供水做了大量工作。1966年奉调赴四川攀枝花，参加西南大型钢铁工业基地的建设和生产。曾代表生产单位参与了攀钢厂内外给排水系统的设计和筹建，针对金沙江水位落差大、水流急、建江心水泵站问题多以及工程艰巨的特点，与有关部门共同研究，提出了利用浮船取水的方案，并克服种种困难，组织进行了浮船取水静态和动态的模拟试验，使该方案成功地付诸实施，为攀钢五个水厂的建成投产，满足各厂、矿工业和生活用水的需要作出了贡献，受到了表彰。1975年重回武钢后，又立即投入武钢“〇七”工程建设，在“〇七”工程建设中负责硅钢冷轧、热轧、连铸四个主体厂水处理系统的基建技术管理工作，解决了一些技术难题，保证了工程质量和进度，为上述几个主体厂的顺利投产和正常生产创造了条件。

攀钢是依托攀西丰富的钒钛磁铁矿资源，科技创新而发展起来的大型钢铁钒钛联合企业。在攀钢的发展史上，写着楚工学子的智慧和汗水。

参加攀钢建设的楚工学子有机械科32班毕业的罗乃人，在攀枝花矿务局任主任工程师、高级工程师，曾在原煤、洗煤、炼焦等方面，解决了焦炭的含硫、灰分等技术问题，实现了攀钢焦炭完全自给。

楚工机械科35班毕业的易志文，在攀钢集团矿业公司任高级工程师。曾参加科技攻关，并在公司机动处主管设备运行工作，荣获三等功。在第一次全国工业普查工作中，获渡口市先进工作者称号。

楚工矿冶科30班毕业的刘镇欧，在攀钢集团公司任高级工程师，对攀钢烧结厂建设、施工作出贡献。

楚工矿冶科30班毕业的王润宜，在攀钢集团公司设备处任高级工程师。对攀钢建设繁重的设备管理和运输工作作出了贡献。

楚工机械科35班毕业的易志文，长期在攀钢矿业公司从事矿山设备管理工作，在潜孔钻机的攻关试验中，取得了钻机日进米数的大量数据，积累了钻机操作经验，摸清了钻机维护保养规律，并编制了潜孔钻机使用维护检修规程。主编了《73－200潜孔钻机使用维护检修规程》，并由攀钢矿业公司印制发行。

三线建设是党中央的战略决策，支援三线的楚工学子以一不怕苦、二不怕死、自力更生、艰苦奋斗的精神，为攀枝花钢铁基地的建设奉献毕生精力。攀钢为青藏“天路”提供钢材7万余吨，其高速钢轨及其配套的道岔钢轨已成为市场主角。攀钢为举世瞩目的北京奥运会“鸟巢”提供的钒氮合金，提高了安全性、抗震性，为工程增色。

楚工机械科23班毕业的周伟，高级工程师，长期在鞍钢从事组织与主持轧钢、机修系统工程设计和组织施工的管理工作。“大跃进”时期，全国急需直径6毫米钢材，周伟积极组织研制设计，生产该线材轧机投入生产后，受到鞍钢领导表彰。1965年主持我国第一套“宽1米冷轧硅钢片成卷生产机组”的设计工作。他在鞍钢轧钢和机修系统的技术改造中，曾经主持初轧、大型轨梁轧机、无缝钢管、半连续热轧板以及灵山矿山机修厂等的技术改造的设计工程。

楚工机械科29班毕业的陶景修，长期任鞍钢工程师，负责产品外表质检工作。他在严格管理过程中，充当“黑包公”角色，深入现场，守炉而餐、伴炉而眠，组织按炉送钢，按炉缶号在钢锭上插标签，按炉缶号入均热炉，按炉缶号成坯轧制，轧制成坯后在每一根热钢坯头上用打印机打印出炉缶号，使成炉成缶的钢坯万无一漏。凡有不脱模的掉队锭，也要趁热及时地描出炉缶号，以后按钢号组织轧制。同时规定没有炉缶号的掉队锭不算产量，一律回炉重炼，确保厂里按炉送钢制度得到贯彻执行。陶景修编写的《按炉送钢制度在鞍钢初轧厂存在的问题》论文，在《鞍钢技术》杂志上发表。该制度经国家重工业部认可，在所有的钢铁企业普遍推广应用，延续至今。1952年，参与生产技术操作规程中的执行监督工作。规定未经技术监督人员签字的送钢传票，下一生产岗位不得接受，从而将废品消灭在生产流程的每一过程中。1953年，在鞍钢三大工程投产时，担任大型轨梁轧钢厂质量检查货检负责人，对武汉长江大桥钢材供应的质量起到保证作用。他以法治厂，有法必依，执法必严，不折不扣按规程条例执行。在产品质量管理方面，对经理、厂长所批的白条子，只要是不合乎规程制度、产品标准的，概不执行。因此鞍钢的钢材在20世纪60年代以前，就在全国树立了信誉。

楚工机械科30班毕业的陈树卿，高级工程师，长期在鞍钢铁路运输一线工作。先后参加数十项较大规模的铁路运输技术改造工程，为鞍钢的铁路运输建设作出了重大贡献。1956年被评为鞍山市先进工作者。1959年，机车设备满足不了生产需要，他组织机车维修车间进行技术改造，采用“蚂蚁啃骨头”的办法，制造出新电机车车头两台，新蒸汽机车车头5台，投入生产，解决了生产的急需。1974年为解决蒸汽机车锅炉内壁水垢问题，设计研制成功“离子交换软水器”，效果良好。1980年他提出用内燃机车取代钢铁厂厂内蒸汽机车的技术策略，被列为鞍钢和国家冶金部技术装备战略的重要内容之一，向全国冶金企业推广应用。在他的主持下，鞍钢公司到1998年末已更新内燃机车69台，推广面达到65%，提高了运输效率，改善了环境卫生，并实现了年节约煤炭2000余吨。至2006年10月国庆节，鞍钢告别了蒸汽机车的使用。1983年修建沈大高速公路，原计划动迁马家屯的铁路运输线，需投资500多万元，而且还影响农田春播和高速公路的建设工期。经过调查研究，他提出矿渣等废物由西出改为东出，恢复黑牛庄废物运输线的方案，节约投资，保证了高速公路如期竣工。1984年研究设计组织内燃机车轮架修理库的建设，他组织选址、规划、立项、设计、审查，保证了工程及时完成，使增加的内燃机车得到及时维修，机车设备正常运行，保证了鞍钢生产。1980年主持改造了矿渣山的翻渣线，使炼铁、炼钢正点返回。与此同时还组织研制热运钢坯100平板车50辆，保证了轧钢生产的正常运输。1988年至1990年组建运输技术开发队，从根本上改变了鞍钢“以运定产”的被动局面，使运输综合能力达到年产1000万吨的要求。依靠科技创新，苦战三年创效益2675万元。他的理论基础扎实，作风严谨，实际经验丰富，有高度的责任心。他还发表了高水平的学术论文多篇，对冶金企业铁路运输的改造与发展，具有重要的指导作用。曾任中国金属学会冶金运输学会副理事长，1992年获得国家批准享受政府特殊津贴。

楚工机械科34班毕业的毛裕凯，高级工程师。从1950年起长期从事钢铁工程工艺设计工作，承担项目工艺负责人和总设计师等职，曾为重钢、鞍钢、天津钢铁、济南钢铁、临汾钢铁、本溪钢铁、宝山钢铁等重大工程项目出色完成设计任务，为中国冶金业的发展作出了重要贡献。1989年退休后，曾任北京麦斯塔公司顾问、秦皇岛渤海铝业公司工程监理、北京冶金设备研究总院技术顾问。创建了北京顾问组组长，为振兴家乡经济作出贡献。

楚工机械科35班毕业的侯庆炎，高级工程师，安徽省的劳动模范。介绍侯庆炎，我想引用一段1985年10月22日《金报》的报道：

水泥厂工程里有好几台特重型的大磨，什么水泥磨、原料磨啦。磨胴体达290吨，要将此庞然“大磨”稳稳当当地落到轴承座上就位，这可不像放块积木似的轻而易举。即便是有这么大负载量的特大型吊装设备，实际施工中也是无能为力，因为大磨两头的间隙不到一毫米，简直间不容发，稍有不慎，略微来点儿“合理冲撞”，那油封、轴瓦等娇嫩部件，就会被磕碰得稀里哗啦。何况几十名日本专家都在瞪着眼看着，能给中国人丢脸吗？

日方专家建议，用4台200吨的“千斤顶”撑住的办法就位。这个办法显然不高明！于是，这块“硬骨头”就交给了机械工程师侯庆炎。选择侯庆炎来担此重任是有见识和依据的。因为他刚刚完成被日本专家评价为超国际水平的“预热器塔工程”的安装方案。预热器塔是整个水泥厂工程中最高的建筑物，六节共99.5米，近30层大楼那么高，一千多吨重。日方在韩国安装时，塔体倒塌，砸死了8个人。而侯庆炎拟订的方案，既省时，又安全，质量还高。安装垂直度的偏移精度达到了8毫米，大大低于日方25毫米的要求。日本专家竖起了大拇指：“安装得这么好，我们还从来没有看见过。”

经侯庆炎精心计算，最后设计出了一对吊重为400吨的“门型框架式龙门管架”，用球面接触，受力均衡，省钢材。再用两套滑轮把大磨挂起来，然后，利用10吨的卷扬机作业，使大磨能够纵向横向自由移动，向上向下自由起落，确保了大磨稳稳当当就位。在施工现场，日本专家看呆了！这是他们见所未见、闻所未闻的绝招。那么重的大磨被顺顺溜溜、平平稳稳地落放到轴承圈里就位了，就像高明的魔术师变了一个小戏法似的，这么困难的事情变得游刃有余！照相机的闪光灯忽闪忽闪地亮着，快门咔嚓咔嚓地响着，日本专家一个个急于拍摄令他们着迷的场面。

楚工机械科38班（后命名为湖南楚怡工业学校机械科2班）毕业的黎培元为祖国的钢铁事业奉献一生。1952年下半年，黎培元等被派往鞍山钢铁公司，参加8号高炉、无缝钢管厂、大型轧钢厂三大工程建设。分配在高炉公司透平鼓风机工段，在苏联专家指导下从事高压蒸气管道安装焊接工作，协同提出利用发电厂循环水管道，使高炉提前出铁投产。写有专题文章，发表在《鞍钢技术》《鞍钢基建通讯》杂志上，其中有《高压蒸气管道焊接装配的经验》《蒸气管道冬季施工》《蒸气透平机更换卫带及推力盘安装经验》等，获得良好评价。1957年，黎培元负责筹建武汉金属结构厂试验室，担任武钢1号高炉炉壳r射线焊缝检查试验工作，解决了高炉质量检验问题，使工程于1958年提前投产。1975年黎培元在武钢参加一米七轧机工程（简称“〇七”工程）。他主要从事技术管理、设计管理、项目管理方面的工作。参加过武钢“双700万吨”（即铁700万吨、钢700万吨）的规划编制，包括大型厂、轧板厂、薄板厂的改造，热轧厂、冷轧厂、硅钢厂的发展，以及二炼钢的改造、三炼钢建设的前期工作，还有施工组织设计任务等。

楚工土木科6班毕业的陈敦虞，从1952年调鞍钢起，长期从事公路建设转而献身钢铁事业达30余年。起初，他在苏联专家指导下参加了鞍钢三大工程恢复建设中的大型轧钢厂钢结构设计和七号高炉恢复设计。1958年，参与重庆钢铁设计院贵州省全省钢铁工业规划小组，独立完成了其中总图运输设计任务。

日本宣布无条件投降后，日本技术人员撤离鞍钢时说："留下这片废墟给中国人种高粱吧。"日本人估计做梦也不会想到，鞍钢的钢产量由当年的年产15万吨，经过包括楚工学子在内的一代代中国钢铁人努力下，到2020年，已达到年产量3819万吨。

新中国成立后，到鞍钢工作的楚工同学共有18名，他们从事厂矿的恢复建设、恢复生产、科学研究、技术改造等工作，一直工作了五十多年。他们以大业为己任，当家作主人，发挥了楚工精诚勤朴的校训精神，夜以继日，流血流汗，竭尽全力，绞尽脑汁，呕心沥血，刻苦奋战，五十余年如一日，以自己的聪明才智，与工人阶级一道，劳技结合，为振兴中国的钢铁事业奉献毕生心血。

根据毛主席指示："一个钢铁，一个粮食，有了这两个，国家的发展，什么都好办了。"1958年以后，大上钢铁工业，全国支援鞍钢，鞍钢支援全国。楚工校友听从党的召唤，分赴武钢、首钢、马钢、酒钢、攀钢，以及冶金建设公司，充当种子选手，发挥一技之长。

2006年全国钢铁产量超过了4亿吨，跃居世界第一。楚工校友为此作出贡献，没有辜负陈润霖老校长和历届老师的培育与期望。

在鞍钢工作过的18名校友，经历恢复生产、抗美援朝、支援三线、发展生产等一系列考验，无一掉队。楚工校友，在校时间不长，然而受益终生。在老师言传身教的影响之下，不仅在专业技术上学到真本领，更在做人处世人生观上奠定根基，精诚勤朴的校训深入人心。

楚工矿冶科22班毕业的宋文冀，1950年应"东北工程技术人员招聘团”之聘，分配到鞍钢采矿部，不久调大孤山铁矿从事采矿及矿山地质工作。1960年从山海关外的鞍山，不远千里调到长城西部尽头的嘉峪关酒泉钢铁公司。1962年“钢铁元帅”下马，去郑州铅业公司所属矿山工作两年。1964年大抓三线建设，酒泉钢铁公司镜铁山铁矿建矿，宋文冀便调来该矿工作，直到1990年退休。在矿山三十年丛书《铁山精神铁山人》中被称为“矿山元老”。“铁山精神铁山人”，1985年9月23日《甘肃日报》刊出《铁山精神放光彩》，指出“铁山精神”就是艰苦创业、坚韧不拔、勇于献身、开拓创新。宋文冀被誉为“嘉峪关外一铁人”。

楚工矿冶科24班毕业的李开崇，长期在鞍钢工作，完成150吨平炉初步设计和鞍钢平炉改建以及车间施工设计。1957年应上海设计院的要求，为上钢一厂平炉和车间的改造进行施工设计。完成中国第一个氧气炼钢的首钢30吨氧气转炉的初步设计、援越平炉车间的设计和施工图、酒钢120吨氧气顶吹转炉的初步设计、邯郸地区钢铁规划等工程项目。

武钢引进的“一米七轧机”，当时为全国重点工程，投资已列入国家计划。由于工程不配套，如炼钢脱硫等三个项目均为补充项目，李开崇及时发现并向有关领导反映了这个情况，及时解决了立项和投资，保证了此重大工程顺利施工，并将试车考核时间由原来三年缩短为半年，弥补了补充立项和追加投资所拖后的时间，确保武钢“一米七轧机”重大工程项目按时建成。

楚工矿冶科25班毕业的张咏秋，长期工作在炼钢生产第一线。抗美援朝期间，在敌机威胁下，冒着生命危险，冶炼抗美援朝军工用钢，如50锰炮弹钢、挖战壕锹板钢、通讯线材钢、铁塔钢、战壕小铁道钢，获先进生产者及优秀团员荣誉称号。在鞍钢生产处期间，组织有关单位延长炼钢平炉炉体寿命，减少检修时间，提高炼钢炉作业率，多炼钢，炼好钢，协同工会一起组织技术表演赛、炉体维护竞赛。采用高铝钒土代替工业氧化铝、进口铬铁矿，制造炉顶用铝镁砖，获得冶金工业部的成果奖，并在全国推广应用。在技术工作队期间，减少沸腾钢钢板分层废品率。通过生产长时间观察试验对比，利用瓶口式钢锭模代替敞口模浇注沸腾钢钢锭，使钢板分层废品率由原来7%下降到0.7%，获得冶金工业部成果奖，并在全国推广应用。在钢铁研究所期间，1974年从事转炉炼钢工艺研究，溅渣补炉利用矿山废弃的菱石造渣在转炉应用，获鞍钢科技成果三等奖。组织利用高钙镁石制造焦油小砖砌筑转炉炉衬，挡渣出钢，溅渣补炉以及机械化喷补。使转炉炉衬寿命由48次增长至1064次，获鞍钢和冶金部的科技成果奖，并在全国推广应用。利用上大下小钢锭模挂绝热板生产镇静钢，减少切头率1.5%～2.0%，获鞍钢科技进步一等奖。组织沸腾钢热锭利用钢锭液芯加热及轧制，节约加热能源，获国家科技进步三等奖。离休后参加革命老区扶贫活动，到湖南溆浦县办小钢厂，解决了45号钢锤锻压冲眼时裂纹的热处理问题，获得冶金部的满意奖。

楚工矿冶科27班毕业的袁子扬，长期从事矿山设计研究工作和设计规划，曾任冶金部黑色冶金设计研究院副总工程师，负责与武钢、鞍钢、酒钢、马钢、太钢、包钢、宣钢等企业矿山设计队队长或主要技术负责人进行技术对接，代表冶金部负责组织领导黑色冶金矿山的设计工作，并直接参与通钢、武钢、鞍钢、酒钢等矿山企业的可行性研究、设计任务书、初步设计等工作。这些矿山大都按规划设计进行建设施工并投入生产，达到和超过了设计规划指标。

楚工矿冶科30班毕业的彭承系，长期在钢铁系统工作，在鞍钢中央试验室参加了“提高高炉热风温度”课题的研究，具体负责风口煤气取样装置的设计、制作、安装与取样。实现了国内高炉第一次成功地进行了风口煤气取样，提出了随着热风温度提高风口燃烧区变化的数据。在武钢钢铁研究所筹建了炼铁铁矿石和炉渣理化性能试验室，并开展了试验研究工作。

对武钢第一座高炉开炉矿石冶金性能进行了检测分析，选定合理的开炉配料方案，为顺利开炉创造条件。负责“高炉炉体破损机理和长寿”课题的研究，组织高炉大中修的破损调查，掌握高炉各部位破损规律。首次发现碱金属对武钢高炉炉衬的损害，为炉体结构改进和选择合适的炉衬提供依据，以延长高炉寿命。研究大气湿度变化对高炉生产的影响，提出《高炉生产不能忽视季节变化》的技术报告，恢复加湿鼓风，随季节变化调节鼓风湿度，取得稳定高炉产量与质量的良好效果。

国家为推进三线建设，1965 年攀枝花钢铁基地上马，陈敦虞自始至终参加了该项设计。该厂地处崇山峻岭，无适于建大厂的厂址。设计院总图运输专业勇挑重担，发挥集体智慧，打破常规，采取新措施，硬是在不足三平方公里的场地上把这个 150 万吨的钢铁厂布置好了，出色地完成了初步设计任务，并投入生产。这个工程被冶金部评为山区建大厂的好典型，授予金奖。

由于总图运输专业是一门新型专业技术，为总结经验，陈敦虞积累国内外资料达 50 万字以上，并且历尽艰辛，经常深入到各地现场调查，为交通部规划设计院编写了《厂矿道路设计规范 · 线路交叉》调查报告，为编订该规范提供了可靠的第一手资料。他为设计而调研，跑遍了全国二十几个省区市，直到 70 岁才退休。

彭承系参加攀枝花钒钛磁铁矿高炉冶炼试验，掌握了造成高炉冶炼这种矿石时炉渣变稠、渣铁不分的原因，改进工艺技术，终于攻克了这一国际冶金史上的难题。彭承系参加攀钢炼铁厂高炉的设计工作和炼铁投产，以及大型高炉冶炼钒钛磁铁矿的技术攻关，提出了《大型高炉冶炼钒钛磁铁矿的实践和认识》的技术报告。研究成功“吹氧化罐”装置，进一步解决了大型高炉生产铁水粘罐问题。彭承系首创“半木柴填充炉缸”的开炉方案，节约木柴，缩短高炉正常投产时间。

彭承系参与的《攀枝花高钛型钒钛磁铁矿的高炉冶炼新技术》获1978年国家科委重大科技成果奖和1982年国家技术发明一等奖。

楚工矿冶科30班的吴朝辉，长期在大冶钢厂工作。大冶钢厂是一个百年老厂，是晚清湖广总督张之洞创办的中国第一个钢铁大联合企业——“汉冶萍煤铁厂矿公司”的前身，它是中国钢铁的摇篮。吴朝辉领导解决了起重机报警、铁路平交道口防护、高温操作降温和尘毒危害等115个治理项目，大大降低了空气中的污染和废水的排放，保持了生态平衡。

楚工矿冶科17班毕业的黄觉民回忆涟钢筹建时的情景，让人窥见创业时的艰难。

1958年1月，我被调到娄底的涟源钢铁厂筹建处，没有宿舍，带着家属小孩住漏雨的民房。高炉工地还只是一块空坪，无水无电，事事困难。当时为运输铁矿石所建轻轨铁路需要小火车头，在湘黔铁路未通车的情况下，火车头那么重又如何运到娄底来呢？真有办法！我们将火车头放在民船上，沿湘江上行到湘潭易俗河附近，从涟水入湘江处，逆水撑篙上行，涟水又窄又浅，木船装着很重的火车头，撑篙不行就拉纤，每前进一步都很艰难。好几处水深不过尺许，船底落在河床沙上，再使劲也拖不动，只好动员很多人下去抬船，与岸上拉纤的人配合，呼着号子，一抬一拖，夜以继日，硬是将火车头按时运到涟钢建设工地。我们就是用这种克服一切困难的精神，把湖南的钢铁工业建立起来了。到1958年9月上旬，容积为83.5立方米的一号高炉，也就是当时湖南省最大的高炉便建成投产。胡庶华先生（曾任冶金工业部专员、北京钢铁学院教授）这年76岁，作为炼铁组长并负责高炉基建的我陪着他参观，向他介绍钢铁厂建设情况，并请他提意见，他飘着美髯频频点头，只是说："我是来学习的。"事实上这位"钢铁大王"所做的"钢铁美梦"到这时才"梦想成真"！到1995年全省产钢已超过200万吨，相当于胡庶华先生当年计划的十几倍。而全国的钢产量当时已名列世界第4位了！

1958年"大跃进"时代，"钢铁元帅升帐"，各行各业让路。党中央和省领导的重视自不待言，我亲见就有好些首长去涟钢视察指导，例如周小舟、翁徐文、罗瑞卿等都来了，民主人士唐生智也来了。周继舜同志亲任一届涟钢党委书记，还有当时的湖南省委书记李瑞山经常坐镇涟钢，有时一住就是一个月。我在涟钢5周年，自始至终参加了1~4号四座高炉的建设工作，其中3号高炉（255立方米）在冬季施工，我曾在工地吃住两个月，睡在尚缺门窗的高炉鼓风机房里，雪花飘来，多次从梦中冻醒。生活够艰苦，但看到一座座的高炉出铁，真有说不出的满足感。

二

武汉重型机床厂是我国第一个五年计划中的156项重点工程之一，是我国最大的工作母机生产厂。工厂规模在亚洲及世界上都是数一数二的，较高水平的产品就达88种之多，如加工直径从1.25米到16米的数控立式车床和立式车削加工中心；镗轴直径110毫米到260毫米的数控镗床、铣镗床、卧式加工中心；工作台宽度1.25米到5米的数控龙门镗铣床；加工直径1.8米到4.2米的重型数控卧式车床；加工直径2米到8米的滚凿机；人字凿刨凿机；承重5吨到140吨的高精度数控回转工作台以及轧辊磨床、导轨磨床等共十大类。此外，还为特种行业提供专用设备，如1980年试制的我国第一台2米x60吨强力旋压机，为我国航天事业的发展作出了贡献。

作为中央大厂，自然聚集优势技术、装备和人才。历届高校毕业生分配总是尽量满足武重的需要。所以在武重的职工队伍中，不乏名牌大学毕业生、研究生、留学生。在这人才济济的队伍中，活跃着一批楚工学子，他们的朴实无华、功底深厚、作风严谨，给同事们留下深刻印象。他们分布在不同部门，但都是该部门的主要力量，在技术部门的都是高级工程师，在其他部门的也是独当一面。他们中间有来自旧中国的老技术人员，也有伴随新中国成长的初生牛犊。

他们中有产品设计师、制造工艺师和生产管理人员。他们都能承母校校训，无论做人做事，从不给人口实。老老实实做事，认认真真工作，积极进取。例如机械科40班的周家越，在镗床系列设计中造诣颇深，从而获得国务院专家津贴。机械科38班的戴昆炉，长期担任夹具设计室主任，是武重的夹具设计元老。楚工机械科15班毕业的汤植成，在工艺处担任大件工艺文件审核工作，是颇受老年工程师爱戴的老工艺师。机械科40班毕业的周元俊，担任热处理车间施工组长兼工会主席，是武重的热处理专家。楚工土木科10班毕业的邓大庸，设计处土建工程师，参加武重厂筹建工作。楚工新化时期的教职工游绍新，担任供销科科长及支部书记。

据统计，在武重工作的有15名楚工学子，在各个岗位作出自己的贡献。

楚工机械科16班毕业的陈士珍，曾在汽车行业任副工程师，后任西安公路学院教师，主编西安公路交通大学《汽车驾驶员》科技月刊，任主编和高级工程师，该刊获陕西自然科学协会优秀期刊一等奖；主编多种高校教材。

楚工机械科28班毕业的周镇鸣回忆，楚工有19位毕业生在湖南省第一纺织厂工作。湖南省第一纺织厂是1912年由湖南省政府投资兴建的一个国营企业，厂址在长沙市银盆岭。因“文夕大火”，该厂于1942年被迫迁离长沙在黔阳县安江小镇建造临时厂房生产。1949年10月3日，楚工学子梁春阳代表长沙市军管会接管了该厂，以楚工学子为主要技术力量的该厂，在楚工学子梁春阳的领导下，掀起一个又一个生产高潮。棉纱每千锭小时生产量由22公斤增至30公斤，织布每台时产量由3米增至5米以上，各种色布年产将近2000万米，为新中国的纺织工业作出了应有的贡献。

楚工机械科25班毕业的伍鼎瑞，研制拖拉机生产专机，曾获襄樊地区科技进步奖三项；与华中理工大学联合研制63K吨液压螺旋锤，获1978年国家科技大会奖和国家发明三等奖；研究大型伸缩装置，1992年获樊市政府授予的“长江大桥工程建设突出贡献者奖”，1997年该项目获建设部科技进步三等奖。

楚工机械科23班毕业的唐熙国，曾任湖南安江纱厂第一任车间主任，1958年负责筹建湖南轻工纺织设计院，历任副院长、党委副书记、高级工程师，主管设计业务和技术领导。1979年任全国29个省市轻纺设计院协作组组长。承担安江纺织厂三年大改装，完成修理制造任务和改装任务；领导化肥大建设，三年建成100万吨钙镁磷肥及100万吨氮肥项目；主持援助尼泊尔皮革皮鞋厂项目，受到陈毅副总理赞扬；解决湖南生产甘蔗糖的问题，一年建成十个糖厂；建成益阳麻纺厂，推动麻纺建设的大发展；创建小型热电发电厂，解决轻纺建发电厂的困难；衡阳纺机建成花园式工厂，全国推广此优秀设计。

楚工机械科34班毕业的彭汉钦，1953年3月奉调到一机部第一设计院从事机械设计。当时正值多家重型机械厂建设中，急需许多非标准设备，其中如大型热加工机械设备等。此类非标准设备市场上购置不到，只能自行设计、制造，这项艰巨任务就落在彭汉钦肩上了。热加工设备由于生产条件特殊，温度高、负荷重、操作环境恶劣，在安全性、可靠性、操作性等方面都有很高要求。当时，设计技术资料极其匮乏，仅有少量苏联资料可供借鉴，那就全靠他动脑筋“发明创造”了。彭汉钦发挥了楚工精神，克服困难，为我国第二重机厂的新建和改建设计了成百套热加工非标准设备，成绩斐然，深受赞扬。

1970年战备搬迁，彭汉钦被安排到一机部通用机械研究所，可是竟又投身“印刷机械”这个“冷门”而生疏的专业，一切又得重新探索。他在两年内带领团队跑遍了北京和全国的主要印刷厂进行调研，并积极呼吁充实力量创办印刷机械科研机构。在初始阶段，搜集资料，组织练兵，为商丘印机厂和济南印机厂研发“自动订书机”，为镇江印机厂设计新型真空两用气泵系列产品。

1981年，印刷机所正式成立。彭汉钦年过五十，被任命为主管产品研发的副总工程师。但还亲自设计，组织研发“网版印刷设备”。1983年主持设计的“五色自动丝网印刷机”，首开国内多色网印机的先河，获得河北省科技成果奖。

楚工机械科35班毕业的宋才飞，1949年9月随东北人民政府工程技术人员招聘团赴沈阳参加新中国工业建设。1950年2月由东北人民政府派遣，随黄毅诚执行国家命令，将原资源委员会由美国培训的大批工程师及其技术资料和机床设备，从湖南湘潭下摄司全部接往沈阳，投入工业建设。1957年被派往上海推广压铸技术，为全国各地培训压铸专业人才，研制国产压铸设备，建立压铸专业组织，筹建压铸专业化生产厂。1962年在上海市科技局直接领导下，成立“上海市压铸专业组织”，主管上海市压铸专业活动。曾任上海国际控制技术公司董事长，中华国际技术开发总公司上海分公司副总经理等职。他坚持为全国压铸企业进行无偿服务，长期积累建成“中国压铸行业信息档案库”，为基层企业提供信息和技术服务。1965年获“国家发明奖”。1985年在筹划“上海三十万辆轿车”的重大项目中任上海汽车工业顾问委员会高级顾问兼国产化专家组组长，为发展上海轿车工业作出贡献。1996 年被中国铸造协会批准为“中国压铸专家组”的第一批有突出贡献的压铸专家。1997 年和 2006 年两度被中国铸造协会授予中国铸造行业“先进工作者”荣誉称号。著作等身。

楚工机械科 37 班毕业的唐国兴，毕业后分配到武昌铁路车辆厂，一直在该厂从事产品设计工作。曾任 J2、J3、J4、PJ5 四种家畜车、PJ3 活牛车、新新 9 号机械保温车的主任设计师。上述产品均获部、省、市的科技成果奖。J2 家畜车于 1965 年全国设计革命会议上被树立为优秀设计典型，《人民日报》以《跟车万里行》为题作长篇报道，并发表短评。唐国兴编写有《车辆构造》等专著，发表论文 20 余篇，其中《对一些车辆构件许用应力的探讨》一文，在全国货车学术交流会上，名列第一。唐国兴对家畜运载特种车辆的研究有独到之处，成果斐然，成为这个领域的杰出专家。

楚工机械科 40 班毕业的徐文斗，毕生献身于重型机械工业，曾任武汉重型工业模具厂总工程师等职，为武昌实验生物设备厂设计 HP－4 多功能颗粒饲料机，获湖北省人民政府科研工作三等奖，武汉市优秀新产品三等奖；设计 WIZI 型套类零件六工位自动线，新华社发布新闻照片进行报道。

楚工机械科 40 班毕业的张德煌，1985 年受聘于长工业泵总厂任总设计师，独立或参与设计过国内外 40 多项重大工程用的大型泵，其中为哈尔滨第三发电厂设计的 600 兆瓦发电机组套的大型循环泵是国产化第一台。曾获机械工业部石化通用机械行业 1984 年度先进工作者称号。

楚工矿冶科 25 班毕业的曾治平，长期从事矿山机械化工作，他培育的“长掘进队”，获冶金部“英雄集体”称号和全国“五一劳动奖章”。

楚工机械科 14 班毕业的张之鹄，曾主持设计安装湘西电厂、衡阳电厂、常德电厂输配电工程；主持设计施工湘马、湘资高压线路、变电所工程。曾领导研究试制了十多种机电新产品。

楚工土木科18班毕业的刘楚栋，高级工程师，为黑龙江齐齐哈尔、佳木斯、辽宁阜新、吉林辽原4个火电厂进行修复、扩建。23岁从东北带领机、炉、电、土全套人马进关新建包头电厂。参加富拉尔基、唐山、秦皇岛、包头、安徽洛河共5个水电厂的新建。又参加甘肃刘家峡、江西柘林、江西江口、江西洪门、江西枫渡5个水电站施工。所有工程均无安全和质量问题，深受器重，各工程单位均委以技术重任。他勤勤恳恳，为祖国电力建设奉献一生。

楚工机械科18班毕业的吴先根，新中国成立后在一机部担任安全技术劳动保护工作。他一方面向苏联专家和资料文献学习，在夜校学习俄语，很快地达到阅读和翻译俄文技术书籍的水平；另一方面在实际工作中刻苦探索。1951年就在一机部被评为先进工作者。他发现要彻底解决工人在劳动中的安全和健康问题，最好的办法是使劳动者脱离危险和有害的工作环境，采用自动化生产，特别是微型计算机的应用，为生产自动化提供了有利的条件和有效的手段。因此他主动要求调到电子技术推广应用研究所，参加创办《电子技术应用》和《微型机应用》杂志。1982年被授予高级工程师职称。1984年协助创办电子工业出版社，被聘为学术顾问、词典编辑，编辑有《英汉对照图解计算机词典》《英汉数据处理、远程通信、办公系统详解词典》《英汉计算机技术词典》等。

楚工机械科19班毕业的郑兆煌，1940年7月毕业时，正值我国第一家电子管厂从美国引进设备在广西桂林建成投产，他进入该厂工作，成为我国电子工业早期的技术干部。他好学不倦，勇于钻研，深得领导器重。抗战胜利后他被调往天津。解放初期在天津电工厂工作。当时华北地区照明灯泡缺货，他同工人们一道，设计研制了杜镁丝焊接机和绕灯丝机，解决了增产灯泡的技术关键问题。1950年被评为天津市特等劳动模范。后来，郑兆煌调到北京重工业部电信工业管理局（后扩大为电子工业部）工作，曾参加苏联援建的北京电子管厂建设的前期工作。此后长期从事基本建设设计，出任电子工业设计院（第十设计院）总工程师，为新中国电子工业各类工厂的设计付出了辛勤的劳动。曾担任电子工业部高级职称评审委员会成员。

楚工机械科 35 班毕业的唐仲秋，于 1952 年被派往朝鲜战地实习，在志愿军司令部负责无线电设备的检修工作。上有敌机轰炸，下有敌军骚扰，再加上住山洞，潮湿、闷热、缺氧，在此极其艰苦的环境中，忘我地为党工作。有一次星期六晚上进山洞，一直到下星期一晚上，两天两夜未吃未睡，不但要夜以继日地工作，而且要和战友们一起搞技术革新。他认真钻研，解决了通信装备三大难题，一是步讲机故障，二是大功率变相器（由单相变三相），三是研制干电池充电器，以适应志愿军战地需要。这些成绩，受到志愿军司令部首长的肯定，给以嘉奖和立功。回国后，国务院、中央军委多次设宴招待抗美援朝功臣，唐仲秋是受邀的功臣之一。回国休整一段时间，中央军委从各大军区、各军事院校抽调一批政治、业务、身体素质好的军官，去祖国西北戈壁沙漠搞尖端武器，唐仲秋被荣幸地抽调，而且是首批抵达基地的。唐仲秋在基地司令部任供应和修配所所长。

楚工矿冶科 8 班毕业的段岳君，对铸钢的理论和实践造诣颇深，研制成功“高锰钢吹氧回收冶炼”和“加 B 孕育多核细品球墨铸铁”等新工艺，研制低合金超强度钢以及新型高性能钢，用于重大军工产品和引进的大型挖掘机履带，强度达到并超过国外原件，为国防工业作出重大贡献。

楚工机械科 20 班的殷义之参加过“两航起义”。“两航”是解放前夕国民党政府与官僚资本合营的中国航空公司和中央航空公司，1948 年，“两航”迁往香港，继续为国民党效力。周恩来亲自领导、指挥、策动“两航”起义，切断国民党在西南的补给线。中国航空公司在港飞机共有 57 架，人员总数近 4000 人。中央航空公司在港飞机 30 多架，各类人员 1000 多人。

楚工机械科20班毕业生殷义之当时在中国航空公司司机航课的设计股工作，办公地点在启德机场的飞机修理厂厂部二楼。经地下党组织策动，定于1949年11月9日上午九时发动起义签名，殷义之第一个签了名，并逐个请同仁们签字。这份名单，在20世纪80年代的电影《北飞行动》中可以看到。随后，他在地下党组织的领导下，昼夜做护产巡逻，并被安排作了纠察队的负责人之一，直到后来被调回北京民航局工作。

楚工机械科35班毕业的任仲文，1966年至1990年在贵州安顺任云马飞机制造厂总工程师、科技委主任等职，仍然组织领导三线歼击机工厂的建设、试制和成批生产，成为航空工业专家，直到退休。任仲文在航空工业部门工作将近40年，体会最深和感到最有意义的是1966年在贵州筹建新厂。为了改变航空工业生产中机械加工“细脖子”的生产状况，在组织领导设计工艺流程中，采用了电解加工、仿型加工、成组加工和数控加工这四项新工艺、新技术，其中特别是数控加工技术应用得最好，效果特别显著。在历年的新飞机试制及民用产品开发中，广泛应用了这项新工艺、新技术，大大缩短了生产周期，提高了产品质量，节约了原材料，从而对飞机工厂传统的工艺方法进行了一次重大的革命。譬如，1978年首次在甲型飞机试制中应用成功，获得全国科技大会奖。1979年又在I型飞机试制中应用，获得航空部科技进步奖。还有在为兄弟部加工坦克叶轮压铸模时，获得全国优秀模具奖。在该厂自行设计制造的数控钼丝切割机床控制柜，获得贵州省新产品优秀奖。1975年全国第一次数控技术应用经验交流现场会在该厂召开。这次会议拉开了全国航空工业全面应用CAD/CAM（计算机辅助设计/计算机辅助制造）的序幕。云马飞机制造厂开展CAD/CAM技术经历了从无到有、从小到大、艰苦曲折的过程，直到今天建成一个三线大后方配套齐全的数控加工基地。

楚工机械科38班毕业的李光雄，长期耕耘在航空工业系统，1956年10

月，调任西安 114 厂装配车间主任、四分厂总工程师、五分厂革委会主任等职。1958 年 10 月，根据中苏双方政府决定，组织“图 16（中国称轰 16）轰炸机技术援助谈判代表团”，由张连奎副部长任团长、王西萍局长任副团长，李光雄以航空技术专家身份参加，赴苏联谈判，历时四个月，于 1959 年 4 月回国。1964 年先后两次，由航空部副部长陈少中在李光雄任车间主任的车间召开现场会议，为全国各地的航空工厂介绍车间管理经验。李光雄负责的西安 114 厂装配车间被评为“五好车间”。1960 年刘少奇曾来车间参观。

1980 年至 1993 年，李光雄任河南新乡 116 厂厂长、党委书记。他带头把家属接来，住在厂里，与职工同甘共苦。1982 年工厂获航空工业部“企业整顿先进单位”称号。从此工厂获得新乡市、河南省、航空部各种荣誉称号多项。在这期间，他本人先后获得市、省、部优秀思想政治工作者、模范党委书记、先进生产（工作）者光荣称号。1991 年获得航空工业四十年有突出贡献奖。

楚工机械科 39 班毕业的唐乾三，在沈阳飞机公司工作四十五年，参加了十几个机种的修理、仿制、改进、改型和生产。任经理后，成功地组织了我国自行设计的歼八 I 型歼击机的研制，创造了质量好、周期短、经费省的新纪录，被空军领导誉为“创造了一个奇迹”。领导公司实现了“军转民”的战略转变，开发了 5 大系列 200 多种民用产品，其中“沈飞”牌高级旅游客车填补了国内空白，为国家节省大量外汇。在实现“军转民”战略转变的基础上，狠抓了“内转外”的战略转变。1987 年 4 月担任中国航空工业代表团团长，参观法国巴黎世界航展，与世界航空工业界建立了联系。1988 年 5 月担任第一次中国企业家代表团团长，访问美国，在纽约、西雅图、旧金山、洛杉矶等六个城市，会见了 880 多名美国政府官员、航空界和企业界人士，所到每个城市都举办了中美企业家贸易研讨会，交流经验，沟通信息，洽谈合作项目，先后与美国、英国、法国、德国、瑞士等八家飞机公司开展了民机零部件转包生产，既为国家创收外汇，增加了公司的效益，又提高了自身的航空制造技术和管理水平。还开发了全钢通路地板，填补了我国的空白，畅销美国、澳大利亚及东南亚地区。

由于狠抓了产品开发、企业内部经营机制的转变和加强管理，充分调动了职工的积极性，沈阳飞机公司在军品大幅下降的条件下生产保持年年增长，提前七年实现了翻两番的目标，进入全国销售额500强，经济效益在行业名列前茅。职工生活也有了很大的改善，住房面积增加了一倍多，职工的收入增加了10倍。

沈阳飞机公司荣获沈阳市、辽宁省、航空部先进企业，全国“五一”劳动奖状、国家质量管理先进企业、全国环境优美工厂、国家一级企业、全国思想政治工作先进企业等光荣称号。唐乾三个人荣获沈阳市劳模、特等劳模，辽宁省、航空部和全国劳模，辽宁省和全国“五一”劳动奖章，全国优秀企业家，全国经济改革人才银奖，航空工业军转民优秀企业家，沈阳市、辽宁省优秀专家和国家级有突出贡献的管理专家等光荣称号，享受政府专家津贴，荣获全国科技进步特等奖等，是教授级高级工程师。

楚工机械科40班毕业的黄炳辉，在航空系统工作42年，1988年调贵州011基地任高级工程师，积极落实国家“军民结合，平战结合，军品优先，以军养民”的方针，主要负责民用品开发工作，于1990年生产第一台“云雀”牌轿车。

楚工机械科35班任仲文，在1966年年初，原航空工业部从沈阳飞机制造厂调他到贵州任飞机制造工程师。他带领七名工程技术人员于1966年3月到达贵州安顺，和其他同志一起组成一个建厂工作组。他们跋山涉水，共进洞104个，经过两个多月的选择，才在一个离安顺30多公里的山沟里把厂址定下来。那里没有电，没有水，没有马路，没有商店，离老乡的寨子也很远。他们租用老乡的谷仓作为工厂，自己挑水、买菜、做饭，点蜡烛和煤油灯，后来改用五千瓦发电机发电解决照明问题。在农忙时节，还去帮老乡收割小麦和插秧，晚上还去寨子为老乡理发、看病，宣传党的方针政策。与当地老百姓相处融洽，为建厂工作的铺开打下了良好的基础。经过三年的拼搏，在云贵高原的山沟里建成了一个现代化的生产飞机的工厂。1970 年 10 月 15 日，第一架由这些三线建设者自己生产的“高空歼击机”飞翔在祖国云贵高原的蓝天上。他们在设计和规划三线工厂的过程中，广泛地采用了世界上最先进的新工艺和新技术，彻底改变了老的落后的飞机制造的工艺方法，为我国赶上和接近世界发达国家飞机制造的先进水平打下了良好的基础。他们创造的一批科技成果，曾获得 1978 年全国科技大会奖，多次获得航空工业部科技成果奖。他们不但为部队提供了一大批质量性能最好的飞机，还为国民经济建设提供了大批客车、小轿车、环卫车、索道车等民用产品，还培养了一支特别能吃苦、能战斗的职工队伍。现在，贵州航空工业集团已成为祖国巩固的大后方，它对二十一世纪西部大开发，对兴黔富民，改变贵州落后的面貌，均起着举足轻重的作用。

三

昔日在社会上流传着这样关于楚工的美言：“没有楚工的学生，就没有湖南的矿山。”这是对楚工学子在矿冶方面取得成就的最通俗的评价。

楚工学子不但开发湖南矿山，而且开发全国的矿山。有些矿是由楚工学子重新勘探，使老矿焕发了青春，如水口山铅锌矿；有些冶炼技术是由于楚工学子的实践，打破了世界上最权威的理论，取得世界性的贡献，如萧泽强提出“全浮力模型”；有些矿山的开采，是由于楚工学子的参与，才得以成为世界之冠，如世界锑都锡矿山。

名师出高徒，楚工矿冶科学生在名师的精心培育之下，人人学得扎实，大都成为有用之才。学生毕业后，分布在省内外工厂各条战线上，都能吃苦耐劳，勤勤恳恳地为祖国工矿生产建设事业贡献各自的才华。任教授、副教授、机械师、工程师、设计师、研究员、厂长、技师的不胜枚举，不少人成为国家工矿企业和科研设计部门的领导者、技术骨干，对建设四化、实现现代化的工业多有贡献。还有的楚工学生后来出国留学，得到更深的造诣，甚至在外国成了专家、教授、工程师。很多归国讲学，交流学习经验，如陈志文、彭佐治、黄豫庆等人。楚工为祖国培养建设人才作出了应有的贡献。

毕业于楚工矿冶科30班（后并入武昌钢校）的萧泽强是一位有世界性贡献的专家。1986年12月14日《人民日报》发表了一篇关于他的文章：《世界性的业绩——记萧泽强对喷射冶金的贡献》。

萧泽强当时是我国东北工学院的副教授。他推翻了世界喷射冶金权威舍克里的基础理论，找到了喷射冶金中驱动的真正力源，提出“全浮力模型”，为研究喷射冶金技术提供了科学根据。许多冶金专家感慨地说：“世界冶金技术理论走来走去，最后都走到萧泽强这个‘全浮力模型’上来了。”

萧泽强在冶金领域作出了世界性的贡献，是中国在冶金领域的骄傲。

资兴煤矿的历史渊源可以追溯到唐朝，那时这地已有小窑开采。正规开采始于1937年，年产不足千吨。新中国成立后，资兴煤矿为一五计划湖南煤炭生产基地。楚工学子在此工作的有24人。1953年前，资兴煤矿三个工区除两名主管外，技术人员全是楚工人。他们在资兴煤矿的建设和发展史上写下了光辉的一页。任治平是局长、总工程师，他的名言是：“我们是采煤工程师，不是丢煤工程师。”唐杨区，勘探报告技术负责人。他在调研后提出对杨梅山老矿区进行补勘，果然发现大量煤层，使这个窿老山空的老矿焕发青春。王树林，是长壁工作面月产原煤万吨记录首创者。1981 年资兴煤矿成为闻名全国的先进煤矿。

楚工机械科 35 班毕业的贺国辉，长期在大同煤矿工作，曾负责中央机厂的改建、扩建工程的设计和实施，组织第一代液压支架的试制、定型及系列品种生产，实现引进国外综采设备的调试、培训、安装，投产后又进行改进仿制。20 余项重大革新项目，获省局科技进步奖和河北省优秀产品一等奖。1990 年，依靠科技进步，实现和巩固三千万吨，获得能源部科技进步特等奖，为煤炭工业的建立和发展作出了卓有成效的贡献。

楚工机械科 37 班毕业的姜镜泉，长期在煤炭系统工作，是一位煤矿采掘机械化专家。1976 年，主持研制 EL－90 型半煤岩巷道掘进机，填补了我国巷道掘进综合机械化空白，获淮南市科技进步一等奖。研制成功横轴式半煤岩巷道掘进机，荣获安徽省科技研究成果奖。他在淮南学院承担双圆弧齿轮、克林根贝乐格螺旋锥齿轮、巷道掘进机故障电脑诊断仪三项科研课题，为厂校结合培养高级技术人才作出贡献。姜镜泉从事煤矿机械设计开发工作数十年，成功地为我国煤矿设计、研制、改进各种煤矿机械化产品达十余个大类 100 多个品种，对提高我国煤矿机械化程度和采掘生产效率作出了重要贡献。

楚工矿冶科 11 班毕业的黄崇德，曾将萍乡王家源煤矿年产 45 万吨矿井改造为年产 100 万吨矿井，1959 年实际年产煤 108 万吨。创造采煤工作面整体自动移运操作法，减轻劳动强度，大幅度缩短操作时间。1959 年将乡青山煤矿年产 10 万吨小井改造为年产 30 吨矿井。实行矿井水力化，包括水采、水运、水力提升等，获得苏联专家及波兰煤矿部长的赞誉。当时全国水力化矿井有“北有峰峰，南有萍乡”之赞誉。1956 年黄崇德出席全国煤炭工业先进工作者代表大会，4 月 16 日受到毛泽东主席接见。

楚工矿冶科 21 班毕业的周子义，长期在煤炭工业系统工作。1983 年 3 月，国家确定开发平朔露天矿。平朔露天矿是我国与外方合资的一个大型露天煤矿。周子义在担任平朔露天矿主要负责人期间，不但保证了露天矿的建设和及时投产，还为我国露天矿的生产管理和港口运输衔接以及煤炭进入国际市场开创了局面。他是山西煤炭系统劳动模范，享受政府特殊津贴专家。

楚工矿冶科 28 班毕业的刘勤，曾在湘永煤矿研制出老窿积水形态模拟图，探放老窿积水 20 余次，达 40 余万吨。及时发现工作面顶板一条平行煤壁裂纹，预测将发生重大冒顶事故，及时采取措施，避免了重大伤亡。此后，在任白沙矿务局主任工程师时，又发现类似情况，均化险为夷。刘勤献身煤矿工业 30 余年，为安全生产作出重大贡献，曾当选为湖南省人大代表。

楚工土木科 9 班毕业的童储祥，长期在煤炭系统工作，为中央竖井的建设，泰信、富国各矿井的改建、扩建，为水砂充填和人工假顶采煤方法的推行以及梅河新区开发、采矿场和十四厂的建设都作出了贡献。1956 年被吉林省政府命名为第一个五年计划期间劳动模范。1978 年出席全国煤矿学大庆、赶开滦群英大会。1984 年被授予“全国劳模”光荣称号。他先后当选为辽源市第三、四届，吉林省第一、三届人民代表大会代表。

楚工土木科 17 班毕业的唐仲扬，于 1949 年 9 月和楚工矿冶科 24 班毕业的校友陈光健、宾体生以及湘江矿区的一些技术人员 20 余人应调去东北辽宁阜新矿务局工作。翌年 9 月，他下放到海州露天煤矿。露天采煤，实际上是一项大型土木工程，在生产实践中，他发扬自己的才能，对技术与管理进行了较深入的研究改进，取得重大成果，因而由矿务局评定为露天采矿工程师。由于国家计划解决西藏能源问题，列为经济发展的首位，唐仲扬急国家之所急，于1956年9月自海州煤矿奉派入藏。首先在西藏乌丽煤矿，之后供职于自治区工业厅，连续工作达26年之久，数十年如一日，克服生活上和工作上的各种困难，忘我劳动，获得各方面的赞许。

西藏自治区工业厅的职责范围不同于内地，所属工业企业虽不多，但门类繁杂，范围包括轻、重工业，而技术人员特别是工程师极度缺乏。唐仲扬面对现实，勇往直前，知难而进，本着母校楚工校风，勤学苦练，适应工作需要，钻研有关学科，不向困难低头，认为责无旁贷，从此迸发出有用武之地的英雄气概，兢兢业业，尽忠职守。二十多年来，从事勘查开采煤炭、硼砂和铬铁矿，建设小型水电站，采伐森林和加工林业产品，安排建设火柴厂、造纸厂等，总之，凡是经自治区领导确定属于工业厅主管范围的工业企业，都是积极奉行实现，力求把工作做好。因此，在1979年2月，上级提升他为西藏自治区工业厅副厅长，从而更感责任重大，唯有奋力为少数民族地区发展经济竭智尽忠，起到初步开拓的积极作用。

水口山是中外驰名、历史悠久的铅锌产地。清光绪二十二年（1896）收归官办。是我国最早采用蒸汽作动力，使用卷扬机提升的有色金属矿山。并于清宣统元年（1909）兴建了我国第一座重力选矿厂。新中国成立后，通过改造、扩建与新建，水口山铅锌矿建成了一个大型采、选、冶炼、机动的联合企业。

楚工学子对水口山的采矿、选矿、冶炼、机械等方面作出了贡献。最突出的是矿冶科11班的赵俊，他曾任采矿主管工程师，对铅锌的成矿理论有较深研究。二十世纪五十年代初期普遍认为水口山已“峒老山空”，赵俊力排众议，在他的积极建议下，通过勘探找到了新的铅锌矿鸭公塘矿区，使水口山焕发了青春。随后在1973年编制长远勘探规划时，他又提出应向茅口灰岩及其挤压带找矿，应把康家湾列为首勘地段，在领导的支持下，竟然在康家湾探到了铅锌金属达一百万吨，使老矿起死回生。

楚工矿冶科17班毕业的黄觉民，将沿用的人工和砂烘砂锅改为机械化混合，为焙烧工段工人繁重体力劳动的“二次烘砂”改为“一次烘砂”创造了先决条件，进而在鼓风炉推行“全风块料减渣顺利法”获得成功，提高了鼓风炉的产铅能力，从1949年以前8吨/日，提高到20吨/日以上。参加此项工作的还有矿冶科16班的胡有炳。随后通过历时一年的研究，鼓风炉渣含铅降至1%以下，铅冶炼回收率大为提高。

楚工矿冶科老师饶湜我国第一个成功地采用横罐炼锌的人。他创办了白铅炼厂（新中国成立后改名为水口山第一铅锌厂）。1930年11月，湖南省建设厅派他主持西法炼锌试验工作。时因土法炼锌，事倍功半，湖南锌矿砂积压甚多，外销欧、美、日各国时外商又趁机压价，他见利权外溢，受制于洋人，非常痛心，于是欣然就任。饶湜全力以赴投入横罐炼锌试验。他以东安、湘阴的优质黏土为生料，借鉴铜官、醴陵陶瓷业配料戚型、烧窑的经验，掺加少量开滦矿务局所产的耐火砖碎涟作熟料，混匀、揉熟、捣紧成型，制出了第一批炼罐，历时8个月建成各种炉座。经试烧，炼罐耐火度达到炼锌要求的1300摄氏度。开炉试炼，10天出锌7000余斤，火法横罐炼锌试验成功。

在炼锌试验成功后，1932年冬湖南省建设厅命饶湜负责湖南炼锌厂的筹建工作。他择址湘江西岸三汊矶，经过一年多的紧张施工，1934年厂房竣工，炉座设备安装就绪，7月26日正式成立湖南炼锌厂，同日用火法横罐炼锌炉炼出了中国第一炉锌，结束了中国自隋、唐以来1000多年相沿的土法炼锌的历史。他被委任为总工程师兼厂长。该厂年产锌700吨以上，每年盈利超过2万银圆，为湖南四大工矿企业之一。1937年，上级发给他奖金4000银圆，供赴西欧各国考察炼锌工业之用，后因抗日战争爆发而未及成行。1938年为避敌机轰炸，该厂奉命迁益阳三堂街，1940年迁常宁松柏复工；1944年日寇侵入湘南，他将工厂主要物资迁存宁远金洞，至次年秋日寇投降才迁回三汊矶旧址复工。

新中国成立后，饶湜仍在该厂任原职。1954 年，他采取在焙烧过程中脱除铅、镉等杂质的措施，在水口山一厂成功地炼出了纯度为 99.99% 的高级纯锌，被评为湖南省第一届工业劳动模范。同年 9 月，他以水口山矿务局第一副总工程师身份，赴 401 厂（现为葫芦岛锌厂）指导工作，受到好评。1955 年被选为湖南省政协委员。1958 年参加株洲冶炼厂的设计工作，6 月当选为湖南省第二次人民代表大会代表，同年 8 月因患高血压而退休。晚年编写了《锌冶金学》等著作，整理了记载有 1930 年以来从事火法炼锌试验、生产工作等内容的 20 多本日记。

衡阳原有的国泰颜料厂所产的锌白粉国际驰名，新中国成立后改名为“水口山第二冶炼厂”，楚工校友鲁镇藩为该厂工程师，在冶炼技术上甚有贡献。

锰是工业生产不可缺少的重要原料，无锰不成钢。锰同时是轻工、化工、电子工业、有色工业、环境保护工业等不可缺少的原料。新中国成立后，鞍钢恢复生产急需锰矿石作炼钢配料，湘潭锰矿也就于 1950 年开始手工开采地表露头氧化锰矿石，经过了几十年的改造、扩建，使矿山生产由小型人工露天开采次生氧化锰矿石转为地下开采原生碳酸锰矿石，由单一采矿作业发展成为开采加工的大型联合企业。在全国锰矿企业中占有十分重要的位置。

湘潭锰矿在发展壮大的过程中，楚怡工业学校的校友发挥了重要的作用，有着不可磨灭的功勋。楚工校友在湘潭锰矿工作过的先后有 15 人。

1956 年，冶金部决定开采湘潭锰矿原生碳酸锰矿，进行湘锰一期扩建工程，新建曾家塘平峒、颜家冲斜井和石塘斜井三个井筒，都是由楚工矿冶科 13 班毕业的覃昭茂编制设计任务书和组织人员收集资料，为设计院设计提供依据。设计完成后，他组织大规模的设计审查，保证了矿山一期扩建工程顺利完成。

楚工矿冶科 14 班毕业的陈壮文，长期负责矿山基本建设施工技术工作。由他培养的黄运芝掘进队和李大洪掘进队，掘进速度达到了月进 200 米以上，曾受到冶金部基建司表扬。在坑木代用方面，井坑掘进坑道支护以水泥代替木支护，推行钢筋混凝土预制支架和现浇混凝土拱形支护取得了很好成绩。冶金部基建司曾在锰矿召开现场会议予以推广。

楚工矿冶科 24 班毕业的方炳堃，负责处理湘潭锰矿的基本建设、生产技术、科学研究和技术管理等各项重大技术问题，特别是一些安全隐患比较多的技术难题，如 1957 年开始用峒室大爆破进行露天矿的岩石剥离。在 20 世纪 80 年代在进行技术改造工作中，不能停产又要在厂区内用控制爆破和水压爆破等特殊爆破方法拆除旧建筑物和构筑物，难度都是非常大的。又如矿山的火灾和水患都是十分严重的，矿山围岩松散后 30 多天就能自然发火，对矿山生产带来严重危害。长期的防火、灭火任务很重，稍有不慎，就要发生事故。矿山地表山洪水、老帘水、矿体顶板岩石中的地下水和矿坑内的酸性水都严重威胁矿山安全。他根据矿体埋藏条件不同和防火要求采用了近十种不同的采矿方法，进行了有效处理。

楚工矿冶科 30 班毕业的袁美星，1958 年用小高炉试炼锰铁成功，受到省冶金工业局表扬；60 年代采用富碳酸锰矿直接入炉冶炼成功；80 年代参加矿山和北京钢铁研究院以及北京钢铁学院共同试验“高炉两步法”生产高质量碳素锰铁成功并转入生产；1984 年组织高炉同步生产富锰渣和制钢生铁成功；1987 年参加东北工学院在 3m * 55m 高炉进行 HAB 法冶炼富锰渣试验，取得了很好结果。

楚工矿冶科 15 班毕业的饶第鑫，于 1954 年参加了第一个由我国自行设计建设的大型有色企业项目——河北铜矿（原称寿王坟铜矿）的设计工作。这个项目的采矿专业部分，从方案分析、初步设计、技术设计到施工图制作和施工监督，几乎由楚工同学包了，以饶第鑫为总设计师。该矿建成投产，不仅迅速提高了我国的铜产量，解决了当时的急需，而且还为后来全国更大型铜业的设计建设积累了宝贵的经验。

楚工矿冶科16班毕业的王铭爵，曾组织推广串流新工艺，提高铅锌精矿回收率，降低选矿成本；推广预选抛废工艺，提高了经济效益，减少了环境污染。

楚工矿冶科17班毕业的唐帛铭，中南工业大学教授，历任中南工业大学冶金系教研室主任、《现代节能》杂志顾问、《中国冶金百科全书热能工程卷》及《有色金属提取冶金手册》编委。在冶金热能工程及有色冶金节能领域造诣很深，知名度大，多次受聘主持科技成果鉴定会、学术论文评审会及学术会议，宣读和发表学术论文35篇，评审学术论文及学术专著20余篇，出版译书8种约250万字。

楚工矿冶科17班毕业的刘谷成，1940年奔赴江西大庾，参加钨矿采选工作，足迹踏遍龙南县岿美山、全南县大吉山及大庾西华山。设计大庾中心精选厂，提高钨精矿质量和选矿回收率。通过选矿试验改造设备，如多层分级筛、辊筒烤砒炉、细泥摇床床面形式与摇动结构改进，还利用磁选电选流程合理化，将低品位的稀土金属回收。

楚工矿冶科20班毕业的吕楚峙，教授，先后任职于湘西钨矿、中南钨矿局、江西省冶金厅、南方冶金学院，历任工程师、处长、中国钨业协会顾问。发表《中国钨业开发的展望》等论文，其“铁山垅钨矿地质研究”等科研成果多次获得冶金部和中国有色金属公司科技成果奖。

楚工矿冶科20班毕业的李志坚，在辽宁葫芦岛工作40余年，从事竖罐炼锌、精馏法提纯、炉体研究设计，曾获部省级科技成果奖7项、国家级科技进步奖4项，并于1995年开发了“热镀锌槽”等实用型专利项目。

楚工矿冶科22班毕业的黄其兴，高级工程师，从事重有色金属冶金专业科研设计工作。他在重有色冶金（铜、镍、铅、锌）生产、科研、设计一线岗位上工作了60年，具有较高的专业理论水平，对火金造诣尤深。在设计院主持和设计了沈阳、澜沧、株洲、白银厂、金川及大冶等十几项大型冶炼厂设计和科研开发工作，有科技成果及著作、论文共38项。主要著作有《镍金学》。他兼任中国国际工程咨询公司专家、中国节能投资公司专家、中国冶金百科全书主编，担任过“铜国际会议”（由美国矿物金属材料学拿大矿冶学会及智利矿冶学会组织）国际咨询委员会委员。参加过两届铜国际会议，一次国际环保会议。获国家科技进步一等奖，享受国务院特殊津贴。

楚工矿冶科20班毕业的周大嶷，任鹰山石油化工厂总工程师，1986年获国家科技进步特等奖。

石墨是碳的一种同素异形体，化学性质稳定，耐腐蚀。石墨在氧气中燃烧生成二氧化碳，可被强氧化剂如浓硝酸、高锰酸钾等氧化。可用作抗磨剂、润滑剂，高纯度石墨用作原子反应堆中的中子减速剂，还可用于制造坩埚、电极、电刷、干电池、石墨纤维、换热器、冷却器、电弧炉、弧光灯、铅笔的笔芯等。是一种重要的工业原料。

楚工矿冶科20班毕业的范晋良，于1950年受命负责开发郴州鲁塘石墨。历经五年努力，于1955年5月试车，8月投产。这是新中国成立后省内第一座石墨浮选车间，也是国内第一座无定型石墨浮选车间。然后又改进采矿掘进、磨粉工程、仓储工程，极大地提高了石墨产量。此后，他还指导、支援邵东的石膏生产，降低了石膏生产的成本，使湖南水泥业所需石膏得到彻底解决。

楚工矿冶科23班毕业的汪逸，从事矿山开采的矿种包括金、钨、磷、雄黄、芒硝和盐矿等7种，在技术上解决了不少难题。他在1953年调湖南雄黄矿工作后，不到一年，便将井深400米、坡度60～80度土法开采的矿山改造为半机械生产，使工人从过去笨重的体力劳动中解放出来。他在1955年3月奉令寻找磷矿，经过40余天的翻山越岭步行100多公里，于5月1日在石门县东山峰找到了磷矿。经过普查评估，远景储量约14亿吨，是当时我国磷矿石储量最多分布集中的巨型磷矿之一，解决了中南地区磷肥问题，其经验起到了为全国地质部门寻找磷肥的指导作用，也为日后解决全国的磷肥缺口，终止磷矿石的进口起了决定性作用。其后，作为全国四大磷肥基地之一的浏阳磷矿，也是经他踏勘后建设起来的。

1961年地质部门在衡阳茶山坳发现了芒硝矿和盐矿，但矿层中含有石膏和其他杂质，矿层上部有1.5米厚的流砂层。在当时条件不许可采用“沉箱法”时，他大胆改用“板桩法”来突破流砂层，取得成功。

其后，他在湖南有色金属劳动保护研究所工作时，于1983年深入基层，完成了《小型冶金矿山防尘防毒现状的调查和评价》的撰述，并参加起草《有色金属工厂安全卫生设计》。

楚工矿冶科28班毕业的彭骥，致力于岩石矿物鉴定，一直在冶金和有色地质系统从事矿床地质研究，曾任湖南省有色金属地质研究所副所长、总工程师。他曾主编《矿产地质文摘》，参加或领导过多次湖南地质研究课题，多次奉派出国，先后去摩洛哥、泰国、法国等国担任技术咨询或技术联络工作，多次担任国际地质学术交流和讲学的翻译工作。彭骥退休后，曾受聘担任中外合资海南太平洋石油有限公司总经理顾问兼外事组长，加拿大Princess Rasourcesltd中国项目经理，澳大利亚Geo - Logic Servicas Pty Ltd中国地质顾问。

楚工土木科8班毕业的周鸣善，长期担任长沙有色冶金设计院主任工程师。自1950年起，先后参加了湘潭锰矿轻轨铁路的勘测设计，长沙有色工业学校校址选择，桃林铅锌矿、湘西金矿、盘古山钨矿、石人璋钨矿、江西德兴铜矿、贵州玉屏汞矿、浏阳磷矿等矿山建设，任湖南维尼龙厂原料基地工程总负责人。他还完成100公里公路、铁路设计勘测设计工作。工作出色，多次被评为单位先进工作者、优秀党员，并出席过湖南省群英会。著有《总图运输》一书。

四

“没有楚工，就没有湖南的公路。”这句在社会流行的谚语是楚工土木科最好的口碑。

毛泽东故居的恢复重建，国家大剧院的建造，新唐山的设计建设，国内众多公路、铁路、桥梁、海港的建设，援外公路、桥梁的建设……你可能想不到，这些工程从测量、设计到施工，有些完全出自楚工学子之手，有些主要出自楚工学子之手，有些是楚工学子在其中起了骨干作用。楚工学子学以致用，创造了让国人骄傲的百年荣光。

查阅史料的时候，笔者不能停止激动的心情，那些一笔带过的概述，其实是多么伟大的业绩，需要我们的楚工学子付出多少心血、多少智慧、多少汗水？每一个工程里面，都书写着楚工学子的精神力量。这种巨大的精神力量，是我们今天从每一个工程的细节中都能感受得到的。笔者只能，并且觉得只需要做简单、客观的陈述就可以了。

楚工土木科1班毕业的杨永圻，先后在湘桂黔铁路搞新建和复路工作，主管给水工程。1952年12月参加志愿军，担任中朝铁路新建指挥部建筑给水主任工程师。停战后仍留朝鲜，担任平壤、定州、高原3个甲检机务段修复工程。1954年8月回国，在铁道兵王震司令员指挥下，抢建黎湛、鹰厦等国防路线。1957年回北京铁道兵司令部任建筑给水科长。1960年下放铁四师修建芜枫、太肥两支线。1965 年参加抢建京原铁路干线。享受副军级待遇。

楚工土木科 3 班毕业的戴德炎，在铁道部门工作整整四十年，参加修建宝天、天兰、兰银、兰新、宝成、兰青、青藏、京山、京秦、大秦等铁路共 627 公里，大桥 7 座。参加新建和改善隧道 22 座，处理和解决不少施工难题，如 1958 年参加修建兰银线中第一段沙漠路基工程，1974 年参加修建西延线，纠正富县地段线路走向不合理，经改线后节约基建投资逾 200 万元。有些技术革新项目在全局推广，并获科技成果奖。1976 年，参加唐山抗震救灾，负责陡河电厂专用线工程。1983 年，主持建成的京秦线崇峪沟特大桥及沙河大桥，荣获国家银质奖和全优工程奖。退居二线后，仍在铁道部第一工程局第四工程处任顾问多年。

楚工土木科 3 班毕业的杨理准为修公路足迹遍及全国。抗日战争时期，参加维修和保卫武汉外围的备战公路的桥梁。解放初期，主管过岱家山大桥施工。1952 年，他率队参加新中国第一个巨型水利工程——荆江分洪工程，在材料和机具调拨十分困难的情况下，千方百计发挥技术上的效能，苦干加巧干，创造了惊人的奇迹。如 30 天建成测设和施工 25 公里的轻便铁路；7 天建成虎渡河 100 米的大木桥；又以 15 天包括测设施工，建成 44 公里几十万大军的运粮公路。其后，仅以 3 天时间完成 4 座运土竹筏浮桥。由于各项交通建设任务及早完成，对黄山头节制闸的施工起了先行保证作用。1953 年，在指导修建河南襄县当时全国最大跨径钢筋混凝土悬臂梁桥施工时，解决了技术上许多难题。1972 年负责勘测北京至沈阳一级公路 360 公里，1973 年负责测量设计包头、黄河大桥，后者获交通部优秀测设三等奖。

1974 年至 1983 年，杨理准奉交通部之命，主编《公路桥涵施工技术规范》约 31 万字，获部优秀标准三等奖，又编写《公路桥涵施工手册》约 145 万字。从此结束了我国修建公路桥涵无章可循的局面。1985 年至 1989

年，又奉令搜集新技术、新工艺，主持修订《公路桥涵施工技术规范》。与此同时，利用业余时间与武吉中合作编写《公路施工手册基本作业分册》70余万字，已出版重印4次，累计发行了3万余册。1992年至1995年，参加编审《公路路基施工技术规范》；1995年至1998年，参加修订《公路施工手册桥涵分册》，孜孜不倦地为国家公路建设事业无私奉献。

1980年6月，他奉派去非洲布隆迪援建首都布琼布拉至尼罗河发源地的布尼公路，他任测设队长，主持测设和施工。这是一条公路干线，长115公里。这条公路三分之一路段为山岭区越岭线，海拔800~2300米，三分之二路段为高原丘陵区，海拔在2000米左右。这条公路的修建，对于布隆迪的矿业开发、农牧业生产和发展旅游事业，都具有很重要的意义。

布尼公路原测量线，由于时隔几年没有开工，许多桩子都没有了，必须重新测量。沿线坡高路陡，地形崎岖，草木丛生，老路被雨水冲刷得厉害，坎坷不平，给复测改线带来了很多困难。在公路技术组的支持下，杨理准领导着17名技术人员和15名工人，开始对原测量线路进行复查、重测工作。

经过他们的多次试坡、放坡、反复比较，终于使这段线路放坡成功。这段路比原计划缩短近2.4公里。还有一段路，经过多次勘察放坡，又组织技术人员进行现场审定，统一认识，最后把方案定了下来，平面线型也较原线为好。老杨与同志们为了使线型更合理，做到了多跑、多看、多比较，精益求精。据初步估算，新线比原测量线缩短了2.9公里，减少中桥一座、小桥五座、涵洞12道，土石方约减少40万立方米，浆砌挡墙约减少4000立方米。这些为国家节约了一大笔援外费用。在那段时间里，测量队的同志们发扬了“一不怕苦，二不怕死”的革命精神，晴天抢着干，雨天顶着干，周末加班干，有效工作日73天，平均日进度达到1.5公里，终于提前完成了全线外业测量，为全线开工迈出了可喜的第一步。

楚工土木科3班毕业的刘兴衡，长期在公路战线工作，直到73岁才退休。先后参加常澧、洪零、川湘、黔咸、麦长、浏东、永大、大慈、宜汝桂等线公路建设，曾任分段长、桥工主任、测量组长、工务科长、副指挥长等职。1958年调湘西土家族苗族自治州公路总段从事养路工作。1988年荣获交通部中国公路学会给予的从事公路交通50周年荣誉纪念册及纪念品。

楚工土木科3班毕业的唐声琮，长期在公路战线工作，1954年在中南交通局发明测量曲线加桩表、横断面器械，加快了测量进度，被评为乙等劳动模范。1956年在交通部公路勘测设计二分院时，在《公路》月刊5期发表《公路路基土石方调配计算法》，创制土石方体积曲线图，简化计算，合理利用。由交通部设计院在全国推广，中南土建学院采用为教材。1956年在《公路》月刊11期发表《风化石铺装路面磨耗层与保护层》。以上三项均得到推广应用。1962年任常德总段主任工程师，主持技术工作。常德地处湖滨，绝大多数为木桥，阻碍交通，在危桥改造中，都是他自己设计、指导施工。1965年改建汉寿余家桥，创新前倾式轻型桥台，减轻自重，增加抗力。1967年新设计安乡大洲桥为无筋波纹薄型拱桥，适应湖区软质地基，路基、路面和桥梁质量均得到彻底改善。为此，常德总段获得模范总段称号。

楚工土木科3班毕业的胡夕冰，是养路护路专家。1951年，国家公路总局对湖南推行养路负责制取得一定成果表示赞许，作为全国养路观摩学习对象之一。兄弟省纷纷来湘取经，同时胡夕冰奉派代表湖南上北京参加了全国养路工作会议和全国养路工作大检查。

楚工土木科4班毕业的李权，1960年负责茶陵大桥施工技术管理。该桥为5孔30米大跨径石拱桥，全长200多米。设计拱架为夹合木，当时拱架只准备2孔，河中央水深流急，不好采用满堂支架，他改为完成一孔上流一半后，横移下流半孔砌好拱圈完成全拱。这样保证了工期，又节约了拱架。在鸭塘铺渡口桥设计时，根据基础已挖动，深 5～6 米处是流砂的情况，经过讨论研究，他提出做双曲拱桥、桥台桥墩镂空减轻自重的设计方案，获得成功。大溶塘大坝架送电线至湘乡，当时有走五龙山翻越大山和沿河下走河边的两个方案。后经勘测比较，他选定走五龙山，节约了投资，提高了效益。1988 年，李权荣获全国公路学会“为我国公路事业，辛勤耕耘半个世纪，作出了卓越贡献”的表彰。

楚工土木科 4 班毕业的岳创，从事公路桥梁修建三十余年，足迹踏遍大半个中国，设计周详，工程质量无不优良。遇事迎难而上，每逢艰苦工程必有“岳将军”（同仁尊称）身影出没，如新中国成立前湘川、川滇、滇缅公路之修筑，日军进犯武汉时鄂西入川公路之抢修。新中国成立后海南、中越、中印、青藏、中巴公路之测绘修建，施工环境均为不毛之地，生活极度艰苦，每个工程岳创均先进入，完工验收后撤出。

楚工土木科 5 班毕业的丁祖吉，先后设计和审核大中型桥梁一百余座。在黄虎港大桥设计时，提出“拱圈分环受力”计算理论，解决了拱架设计难题。为益阳大桥设计了园端型钢丝网薄壁浮运沉井，为深水基础工程创造了新的途径。参加了沩水大桥多孔预应力混凝土连续梁桥设计及柔性磀多点顶推施工工艺研究，此工艺系国内首创。该桥获湖南省 1980 年度科技成果一等奖和国家优秀设计表扬奖。广东九江大桥系我省首次设计的斜拉桥及国内首次采用大直径变截面桩。该桥分别获广东、湖南两省优秀设计特等奖和一等奖，1990 年获国家科技成果二等奖，他均为主要获奖人员。他还获得 1991 年国家优秀设计铜质奖。

楚工土木科 5 班毕业的欧阳子璜，曾任湖南工路局工程师和湖南交通学校副校长。在 1951 年年初，培养树立了 37 路工班为全国先进典型，并在全国养路会议上推广其经验；建立民工养护公路规章制度，为公路建设争取了劳力支援，促进了我国公路养护制度的完善。在办学方面，突出抓教育质量。坚持严格考试，采取按成绩编班复习和改学其他专业等办法，学风为之一振，质量大有提高；采取教育与劳动相结合的手段，以工地为课堂、工程为教材，使学生学到真本领。

楚工土木科5班毕业的文前介，新中国成立前参加滇缅铁路抢修工程和湘黔铁路新建工程。新中国成立后参加川黔线、滇黔线、隆筑线、内昆线、宝成线、兰青线、青藏线的勘测设计任务。在成昆线路基建设中，采用先进技术措施效果良好，在现场两次获得铁道部吕正操部长的接见。

楚工土木科6班毕业的吴立生，在湘西自治州公路系统工作四十多年。20世纪60年代在进行木危桥改造时，根据沿线盛产石料情况，以石拱桥为主，将全段木危桥改建为石拱桥涵，提高载重能力，桥涵永久化。1969年秋主持国道线上新建一孔70米大跨径石拱桥施工，仅五个月完成，得到“质量好、速度快、节省投资”的好评。此后参加过州内澧水大桥、罗依溪大桥等大跨径无支架吊装施工的双曲拱桥建设。

楚工土木科6班毕业的王长远，在解放初期，他为改善路面、抢修危桥、支援大军西进，做了大量工作。1951年湖南省公路局第一届劳模大会在长沙召开，他以出色的支前抢修工作，被评为劳动模范，出席了大会。1956年修建大慈公路第五、七工务段时，他所在的单位在全省公路系统评比中以多、快、好、省、安全等方面成绩显著，被评为先进集体。1980年1月，娄底总段在双峰召开一次先进代表会议，他被评为先进工作者。1991年首届交通工作会议在长沙召开，他获得“从事交通工作三十年”的荣誉证书。

楚工土木科6班毕业的周述之，1941年从楚工毕业后，正值第二次世界大战，周述之和湖大一大批同学一道被分配在滇缅铁路工程局第一工程处第一总段工作。后因战局恶化，滇缅铁路被迫停工，归途被阻，因而从小路经片马辗转返国。1942年，周述之应聘到辰溪湖南大学和沅陵高职两校任教。1945 年，参加修建重庆至白市驿机场的公路工程。抗战胜利后回湖南。1948 年，到武汉解放区华中公路局工作，旋即被调到中南区支前司令部工程抢修队，随军南下，抢修被毁桥梁公路。

新中国成立后，周述之长期在湖南工作，满怀革命豪情，全心全意献身社会主义建设事业。1952 年，参加荆江分洪大型水利工程建设。1958 年，运用辩证法的观点，研究了在软土上建筑住宅的基础设计，提出了“浅埋窄基”的设计方法。1967 年，采用了“吃补药”的设想，以“压浆驱泥、压浆混凝”的大胆设计，挽救了已建在基土下层有葡萄状污泥洞群而濒于倒塌的东江水泥厂。1978 年，为节省土方大开挖的浪费，推导出单重 749 吨共 6 库一组的钢筋混凝土水泥筒仓群设计公式，使支库的混凝土柱由 32 个减少为 17 个，最大限度地节约了工料。20 世纪 70 年代，山区搞基本建设设计时，为了经济、安全、合理地解决平基、挡土墙、切坡等技术问题，研究了黏聚力在上体中的作用，推导出“广义库伦公式”，填补长期未能解决的土体内存在黏聚作用的解析计算公式，因而能科学地计算出土体的滑裂度、山坡的稳定坡度和挡土墙的最大推力。

楚工土木科 7 班毕业的黄湘柱，曾在母校土木科兼教“结构力学”半年，此后即调交通部转浙江公路系统工作累计 50 多年。他专业从事桥梁施工及设计，先后任浙江省交通设计院院长兼总工程师及浙江省交通厅总工程师。对科研有所建树，如首创设计悬拼大跨单箱拱桥以及导出双曲拱桥理论算式程序并仪表校核，无一例失败。多个项目获奖，多次被评为浙江省、交通部先进工作者，出席全国科技大会，当选两届省人大代表。著有科技论文多篇，出版论文选集，有三篇在国外发表，收入 IABSE（国际桥梁与结构工程学会）国外论文集并在大会交流。

楚工土木科 8 班毕业的孙春初，毕生献给桥梁事业，参加修建的大桥有武汉长江大桥、郑州黄河大桥、广州珠江大桥、长沙湘江大桥、攀枝花雅砻江大桥、金沙江大桥、成昆线安宁河六座大桥、枝柳线七座大桥、九江长江大桥等，是一位业绩卓著的桥梁专家，为铁道桥梁建设作出了重要贡献。孙春初在抗日战争时期参加过滇缅公路、保（山）密（支部）公路的建设，继而参加川湘公路、滇桂公路建设，与来华支援抗日的美方工程人员合作多年，学会了各种美式筑路工程机械的操作维修改装技术，这是他走上建设公路的伊始。1949 年，随着所在公司转入铁路部门，从而一直从事铁路桥梁建造。先后在广东坪石粤汉铁路衡阳铁路局各部门任单位工程师、工务股主任、队长，为解放军南下疏通铁路桥梁作出贡献。

抗美援朝战争爆发后，孙春初于 1951 年 8 月 1 日第一批应征，参加中国人民志愿军 897 部队，雄赳赳、气昂昂投入朝鲜战场抢修铁路桥梁。在敌机狂轰滥炸、日夜轰击下，真是九死一生地完成任务，载誉回国。1953 年武汉市修建汉水上第一座铁路桥，进口不少苏式大型桥梁施工设备，如 C－80 型推土机等。当时缺乏大型吊车，无法卸货，由于孙春初曾与美方人员使用过此类设备，不仅负责安全卸车，而且正常开动，奔赴建桥工地，获得苏联专家赞扬。要建设我国首座公路铁路两用桥——武汉长江大桥在当时谈何容易。建桥壮士在誓师大会上立志要像抗美援朝那般英勇，有骨气有决心将武汉长江大桥建设好。当时孙春初身负大桥机械总队队长重任。在武汉长江大桥基础施工时，采用先进的“管柱浇注法”，是第一次在我国使用，并取得成功。1957 年 9 月，武汉长江大桥建成通车。随后，孙春初被调往黄河大桥筹建处、广州五桥处参加珠江大桥建设。1960 年，参加长沙三汊矶大桥建设。1960 年至 1974 年，他参加恢复铁路交通抢修工程，其间抢修了东北 5 座铁路桥、京广线上被洪水冲垮的 4 座铁路桥以及福建南漳铁路桥等工程。还参加大西南成昆铁路上的金沙江、雅砻江、安宁河等 8 座铁路桥建设，历任队长、厂长诸职。直到长江上九江大桥续建工程完工，才离开建桥第一线。孙春初晚年时，局里还安排他负责培养建桥技术人才。

退休后仍发挥余热，还担任职工大学教授三年。2007 年 8 月 18 日《工人日报》报道了“建桥四老”（孙春初是其中之一）的先进事迹，并制成台历发放全国。

楚工土木科 9 班毕业的黄殿芳，1959 年在张宝公路主持修建 2 孔 30 米全长 84 米大跨径石拱桥。1976 年 7 月 28 日凌晨 3 点 42 分 53 秒，唐山、丰南一带发生 7. 8 级强烈地震。唐柏公路（唐山至柏各庄）横跨沙河的 420 小集大桥遭受严重破坏，致使交通中断。9 月 10 日在交通局统一部署下，由张家口地区公路局支援完成设计施工任务，黄殿芳任工程组组长，要求年底前建成永久性桥梁。由于当时交通阻断，机器、材料运输供应极端困难。该工程于 1976 年 10 月 10 日正式开工，1977 年 1 月 20 日通车，保质、高速完成了支援唐山小集大桥的建设任务。施工中采用了土法蒸气保养和升火增温等办法，加快了冬季施工进度，创造大桥施工 100 天完成的新纪录。

楚工土木科 10 班毕业的丁光炯，在公路系统连续工作 60 年。1979 年 5 月至 1983 年 12 月，他担任包头黄河大桥总工程师，在施工环境极为困难的情况下，革新技术，采用了以主漕沉井交替流水作业法和箱梁顶推法为主的施工方法，加速施工进度，取得显著成效。1984 年 2 月至 1988 年 12 月，丁光炯参加援外工程，担任伊拉克新建摩索尔 5 号桥的总工程师，采用新技术、新工艺、新设备，精心施工，工程质量达到国际优良标准，赢得了高度赞誉，为国增光。1989 年离休后，返聘为中国路桥总公司海外部顾问工程师，主持了缅甸钦敦江大桥安装方案设计和长江三峡大桥施工方案设计，并参与海内外工程承包竞投。理论著述颇丰。丁光炯早在 20 世纪 50 年代就被评为武汉市二级劳动模范，70 年代又两次获得交通部局级先进工作者称号。

楚工土木科 10 班毕业的张志澄，1942 年 9 月参加湘桂铁路大漆河大桥施工。抗战胜利后，参加浏醴攸和常澧两线公路建设。1950 年，奉调华东公路支前委员会，参加抢修福建省国防公路。在福建艰苦奋斗 38 年，在公路和海港码头建设两个方面均取得重大成绩。负责完成公路测设 335 公里，公路施工 465 公里，大多为国防公路，还有 4 条铁路专用线 59.50 公里测设和施工；修建水电站输水压力隧道（直径 6 米）3060 米；修建 28 个军用炸药洞库和运输铁矿石的高空索道等特殊工程。厦门港原来只有两个 3 千吨泊位，张志澄主持修建了海港码头万吨级泊位 6 个计 1144 米，万吨级以下中小型码头泊位 23 个计 1734 米。与此同时，他还参加厦门特区的城市建设。

楚工土木科 10 班毕业的谢全才，1958 年在拓宽修建长沙至湘潭公路工程中，担任湘潭段施工技术负责人，这是当时湖南最高级的一条公路，属于三级公路。1962 年 2 月，调至衡阳公路总段，任技术副总段长兼主任工程师。同年，在省公路局的号召下，参加衡阳地区危桥改造。1978 年，以优异的工作成绩出席衡阳市第一次科技大会并受奖。

1950 年春，湖南省公路局奉令派了 10 位土木工程人员由李迪光工程师（曾任楚工教师）领队支援福建省抢修国防公路，其中有 5 位技术骨干是楚工土木科毕业的学子。他们勘察泉州 – 德化已毁公路，全长 137 公里。沿途几个县是属闽南地区，闽南的永春、德化大多是崇山峻岭，类似湖南湘西，一直有土匪肆虐。为了绝对安全，解放军特派一个武装排护卫工程队踏勘。9 月底公路勘察工作出色完成。李迪光又带队抢修泉州至永春公路 89 公里、永春至德化公路 48 公里、安溪县至长泰县的山区炮车道 115 公里，都如期完成。

楚工土木科 13 班毕业的向泽凡，在怀化地区从事公路养护、施工技术及管理工作五十年。20 世纪 60 年代初，经较长时间调查研究，他了解并掌握路基水害冲刷变化规律，设计和施工六种类型的防护工程，经过洪水的考验，效果都很好。他设计的对路基水害防治工程及桥梁台墩防护的加固，被编入1986年出版的中华人民共和国交通部部颁标准“公路养护技术规范”里的“桥梁墩台基础的修理与加固”以及“调治构造物”等章节中。曾先后参加或主持20座大中型桥梁施工。1960年年初，他首先在红岩溪桥推广省工省料的夹合木拱盔施工成功，后在全地区普遍推广。1980年，他担任技术总负责人建成的辰溪沅水大桥，经省地联合验收评为优良工程。

楚工土木科13班毕业的杨理和，曾担任广西十万大山华兰－扶隆边防公路勘测设计任务，荣获1984年广西优秀设计项目一等奖，同时获国家优秀设计金奖。杨理和是念板－扶隆公路方案主持人，1979年外业测量时，他提出平防－汪乐段的比较线，结果比原测线缩短880米，节约投资76万余元。1983年1月5日广西日报以题为《一项设计为国家节约投资四百多万元》的消息，报道杨理和的杰出设计。报道写道：“担负天生桥水电站河滨公路勘测设计任务的广西交通局勘测设计院勘测二队，为了选择一条理想的路线，他们爬悬崖、攀陡壁，活跃在黔桂高原深山密林中，天生桥电站河滨公路起点至一公里处，悬崖陡壁，群山耸立，原设计需要打一条八百多米长的隧道。在他们精心勘测设计下，终于使路线沿山坡而过，不需要打隧道。仅这一项就为国家节约投资四百八十多万元。”

楚工土木科14班毕业的唐展卿，参与或主持修建的公路有宜章经汝城至桂东、桂阳经嘉禾至蓝山和永兴至安仁等公路。先后主持修建国道和省道公路达1200公里。共主持修建大桥16座。具有创新工艺的几座大桥，概述于下：

茶陵洣水大桥，为全长190米的五孔石拱桥，是我省首次采用小石子混凝土方块石拱。比以前用水泥砂浆砌粗料石拱，降低工程造价约16%。四年后，修建全长189米的观瀑渡石拱桥，采用小石子混凝土块片石拱，进一步降低了工程造价。现省内修建的公路石拱桥，多为块片石拱。

古丈罗依溪大桥，桥系钢筋混凝土双曲拱桥，主拱116米，是当时我省最大跨径的双曲拱桥。桥址位于高山峡谷，悬岩陡壁，低水位时，主河槽水深19～21米，槽宽约100米，两岸岩基外露，并受下游凤滩水电站的水位控制。桥高达83.5米。建桥时不能搭设施工支架，在高空架设钢丝绳，采用无支架缆索吊装施工。主拱116米分5节预制吊装，每节重约31吨，为本省首创。

望城沩水大桥，为6孔全长241米的预应力钢筋混凝土箱形连续梁桥，为了援助非洲乍得修建沙里河桥的需要而作实验。当时国外架桥的先进方法是采用多点顶推，国内尚无先例。邀请铁道部科学研究院参加，共同进行试验与研究，并获得成功。竣工时，湖南省科学技术委员会受交通部委托，邀请国内28个单位51名专家学者进行鉴定，获得了“在柔性碇上采用多点顶推法架桥技术是成功的，填补国内空白”等评语。这种架桥法已在国内广为采用，并获湖南省重大科技成果一等奖。

常德沅水大桥，系多孔预应力钢筋混凝土连续梁桥，全长1408米。由湖南省交通厅派驻该桥的监督工程师，是湖南省交通部门首次实行工程质量监理制度。监督工程师对工程质量一丝不苟，坚持原则，不讲私情。竣工时，湖南省验收委员会鉴定该项目为全优工程，并获湖南省优质工程一等奖。

楚工土木科14班毕业的熊笔军，1954年起，参加湛江新港建港工程，广州港、黄埔老港和海南八所港等建设工程。参加国内外港口、船闸、电站、大桥、机场等工程的投标和中标后的工程管理。退休后返聘为局长顾问多年。他的“无抛石棱体扶壁式码头”的设计，被列入部颁《港口工程设计规范》。

楚工土木科15班毕业的严奉瓒，解放初期曾参加永大、大慈210公里六级公路的修建；主持修建岳阳新墙特大桥；主持岳阳市巴陵大桥设计；主持湘潭市七里铺至韶山29公里三级公路的改建；积极筹划岳阳地区危桥改造；主持了老国道107线的新建和贯通（原来三分之二地段无公路）工程，在总长179公里，投资仅1000万元的条件下，完成了任务；参与修建了107国道二级公路（任岳阳市辖线内总工程师）。1954年，被评为湖南省公路局先进工作者；1963年，被评为湖南省交通厅先进工作者；1979年，被评为岳阳市人民政府先进工作者；1989年，被评为市政府优秀专业技术干部。

楚工土木科17班毕业的孙罗生，在湖南从事水利水电查勘、测量规划工作40多年，足迹遍及三湘四水，1951年被评为湖南省劳动模范。

楚工土木科18班毕业的刘继善，1960年参加修建河南卢氏大桥，1963年参加修建河南漯河桥，1964年参加修建河南澧河桥、河南川口大桥，1972年参加修建洛阳黄河公路大桥。

楚工土木科18班毕业的袁伯林，在1954年洞庭湖区域沅水干流测洪战斗中，经湖南省水利局评立大功。1956年负责常德水文站时，工作成绩突出，经湖南省水利厅评立大功。1957年胜利完成沅水干流流量比测，经湖南省水利厅评为先进工作者。1974年起主持并参加SZC－75A水文缆道积宽法测流自控设备研制成功，获得1978年湖南省科学大会重大科技成果三等奖和全国科学大会奖。1980年、1981年、1982年连续三年被评为湖南省水文系统先进个人。1983年被评为水利电力部全国水文系统先进个人，经湖南省总工会确认为水利电力部劳动模范。袁伯林提出等相对水深积宽测速法，经实验成功，列入1984年水利电力部标《水文缆道测验规范》。参加撰写《积宽法测流》，获水利电力部科技进步奖，并由水利电力部推荐列入国家科委《科学技术研究或果公报》（总83期）。其事迹编入《高级科技人才》（湖南卷）、《当代中国科学家与发明家大辞典》（第三卷）、《世界名人录》。

唐山自从地震以后，变成一片废墟。楚工土木科21班毕业的黄海华被国务院从湖南省建筑设计院抽调去唐山，进行新唐山市的规划设计，他主持并设计了一个新的唐山市，为祖国的新唐山留下一个永久的瑰宝。

楚工土木科18班毕业的李书杰，从事水利测绘工作长达47年。李书杰先后在洞庭湖、松花江、牡丹江、浑江、辽河、滦河、新安江、资水、沅水、三门峡、大藤峡等地以及中朝界河鸭绿江、中苏界河黑龙江测绘。特别值得提出的是，李书杰在东北勘测院成立之初，即负责培训150名测工，为勘测工作创建了基本技工队伍。在1957—1966年这十年中，鸭绿江上的云峰、老虎哨、太平湾三个电站设计阶段和干流规划的全部测绘工作，均由他代表中方与朝方商定、签署各种测绘技术协议书，并对双方完成的资料进行审定、拼接和交换，先后去朝鲜开会16次。1956年，被评为长春市、吉林省、电力工业部的先进生产者，4月25日在北京中南海怀仁堂受到毛泽东、刘少奇等中央领导接见，并合影留念。著有学术著作多部。

楚工土木科21班毕业的盛汉禄，受命负责对韶山冲与花明楼进行仿原貌考证，并进行重建与改建。

楚工土木科21班毕业的金武陵，长期从事建筑设计工作，曾打破常规在填土仅三年的地基上施工，建造公寓和别墅，节省了不少打桩钱。后又打破常规设计了跨度18米，平面呈双“S”型的大厅楼梯，经广东省重工业设计院同意，施工试压，全无问题。由于其造型像两只大鸟，有人叫它为“飞梯”。

后又设计板拱式人行天桥。这种天桥不同于传统的梁柱结构，天桥由主拱和副拱组成，主拱是指跨过道路的拱桥，副拱是指道路两侧的斜梯，它们都是板拱式，因而无梁无柱。主拱跨度可达70米。这种天桥也可用在十字路或三岔路口，平面呈X或Y型。施工时基本不影响交通。一座净跨42米的天桥，主体造价大约需50万元，仅为传统天桥造价的三分之一。近年来，许多地方都在废除天桥，改造地道。其实天桥和地道各有优缺点。

地道造价昂贵，修建时断绝交通，也不太安全，而且防水难。这种天桥，有望得到社会的采纳和推广应用。

楚工土木科21班毕业的罗立春，曾参加广东沙堤机场、福建5795机场、陕西普集机场、咸阳国际机场、陕西彩色显像管总厂、西昌卫星发射基地、中国第一颗原子弹研制基地等国防建设工程。在福建5795机场施工时，是在国民党飞机不断进行轰炸的情况下，冒着生命危险进行抢修抢建的。在四川西昌施工时，是带着施工队伍进山，自己修路、开山放炮，自己发电做好施工准备后才能进入到正常施工，克服了难以想象的困难，完成了三线建设工程任务。参加年产8000米砼预制构件厂的设计，并负责组织施工，保证了国营514厂、115厂、408厂等工程的混凝土预制构件及时供应。设计了混凝土构件一条龙生产线，后台上料全部自动化，减轻了劳动强度，加快了施工进度。设计了吸附式大型屋面板翻转模生产成功，节约了木材，提高了工效，湖南省建工局组织兄弟公司来工地召开现场会鉴定、认可，并在广东茂名全国技术革新会议上介绍。

楚工土木科21班毕业的张永嘉，曾主持编制我国第一部全国建筑工程统一劳动定额和施工定额，撰写《建筑施工定额编制原理及方法》等书。主持了北京图书馆（中国国家图书馆）、文化部（现为文化和旅游部）办公楼等大型工程的建设，这两项工程均获得建筑业最高奖——鲁班奖。北京图书馆工程评为北京市二十世纪八十年代十大建筑之首。

他还担任中国文艺演出物资协会第一、二届理事长，组织举办了二十多届全国演出物资订货会和九届中国国际专业音响、灯光、乐器及技术展览会，有近20个国家参展，展览面积15000平方米。开展国内外同行业产品、技术、信息方面的交流与作用，发展了我国的演出物资市场。张永嘉参与了国家大剧院建设的领导工作。国家大剧院工程位于北京天安门人民大会堂西侧，建筑用地7公顷，建筑面积15万平方米，总投资近40亿元。

楚工土木科22班毕业的梁志鸿曾在武钢建设公司任职，由于成绩卓著，被评为劳动模范，出席了1956年第一届全国劳模大会，受到了毛主席、刘少奇、周恩来等党和国家领导人的亲切接见。

楚工土木科22班毕业的谢济良，1953年年底毕业后，被分配到中央建工部所属的北京工业及民用建筑设计院工作。后来，中央核工业部（即中央二机部）成立，宋任穷任部长。同时组建中央核工业设计院。1958年他被调进该院土建室，在南礼士路和苏联专家共同工作。

楚工机械科35班毕业的刘炎生，1962年参加越南民主共和国技术经济援助项目，1967年至1970年均以拖拉机专家身份参加坦桑尼亚、桑给巴尔两国技术经济援助项目。刘炎生曾获越南总理范文同颁发的胡志明纪念章、胡志明徽章以及友谊奖章和证书；获国家劳动人事部、民委、科委联合颁发的边疆科技荣誉奖。

楚工矿冶科27班毕业的李靖元，1950年参加抗美援朝，荣获朝鲜人民军“军功章”和“和平鸽”奖章各一枚。

楚工土木科8班毕业的李昌轼，曾三度参加交通部援外工程，先后在蒙古国、尼泊尔修建公路12年，任技术组主任工程师。上述援建工程，提高了我国经济援助声誉，扩大了我国国际影响，他个人荣获交通部颁先进工作者奖。他还参与武汉市高等级出口公路的规划、测设、施工、扩建工程以及省级干线上的几座大跨径桥梁工程的设计和施工指导。

楚工土木科11班毕业的黄雪舟，1954年在水利部计划司工作的他，深深体会到“水是新疆人民的生命”，热爱祖国，向往新疆，自愿请调来到新疆，从事水利灌溉工程，为新疆人民造福，无私奉献自己一生。

楚工土木科19班毕业的袁任良，1952年奉调到中央重工业部汽车工业组（坦克工业局前身）北京618厂工作，主要担任该厂4座新建厂房的施工图纸会审，现场施工质量检查，兼作设计预算、基建计划、统计工作。

在有关专家的帮助指导下，建筑理论与施工技术获得显著提高，先后被评为厂先进工作者、北京市优秀青年工作者称号。1955年3月，618厂基本建成，又奉调内蒙古第一机械厂（617厂）。当时处于建厂筹备阶段，风沙大，住帐篷，工作及生活条件十分艰苦。袁任良先是参加建厂总概算编制和主要厂房和住宅的工程预算编制工作，日夜兼程，废寝忘食，按期保质地完成了任务。同时，培训了一批工程预算人员。该厂乃苏联援建的我国第一座坦克制造厂，也是我国“一五”期间156个重大建设项目之一，被国务院定为特大型军工企业。该厂1956年破土动工，1959年基本建成。边基建边试制生产的59式坦克，在国庆十周年参加了天安门检阅。建厂阶段，担任第一施工区的技术负责人，主要负责机械加工、产品总装、工具、机修、电修、冲压、橡胶等生产厂房及其他建筑物的施工质量监督，技术问题核定以及工程预算、决算等技术管理工作。工厂基本建成后，主要抓建厂后期的竣工图纸资料之编制、审核以及扩建工程的施工图设计等。在所负责的工程设计施工管理中，从进度和质量与安全都得到保证，同时提出了建议，弥补了苏联设计图纸中的某些缺陷，获得工厂和部局的好评，曾出席包头市第一届青年社会主义建设积极分子大会。工厂建成后，1961—1971年间，先后在厂部办公室和教育处工作。1971年后，工厂军用品结构调整，开发民用品，需进行技术改造和扩建，职工增多，住宅紧张，配套设施急需上马，又被调回主抓基建工作。唐山地震后，兵器工业部要求新建建筑物按抗震烈度8度设防，已有建筑物按抗震烈度8度全面鉴定加固。他共写出鉴定书111份，需要加固的建筑面积近70万平方米、建筑物17座。他响应党的号召，献身国防，开发边疆，对军工厂、对内蒙古有了深厚感情，放弃调回机会，一辈子扎根边疆。

楚工土木科22班毕业的彭孟阳，在拉萨整整工作了13年。1965年调西藏自治区工业厅下属的西藏工业建筑勘测设计院工作，13年间，参加过西藏林芝毛纺厂工作；完成拉萨农场（小型全能）医院设计，任设计总负责人；参与长沙黑色冶金矿山设计院合作设计西藏东风铬矿；参加西藏2479部队（高炮团）工作；参加自治区工业局机械厂工作；参加拉萨市邮电大楼工程；参加自治区工业局汽车队工程；参加西藏梗樟火柴厂扩建工程。

楚工土木科21班毕业的梁昌宇，从楚工毕业后随中国人民解放军建筑工程第七师，先后参与大托铺机场、广东南海飞机场、福建龙田飞机场的修建，后调赴兰州，主持白银炸药厂、西固电厂的修建任务。1962年梁昌宇和吴积秀夫妇俩奉派赴内蒙古兴建我国第一个原子弹基地，担任11号场地施工技术总负责人，同机械科34班毕业的郭新非同学在一起工作，住在沙漠上达6年之久，备受风沙之苦，又不能和亲友通信，直到我国第一颗原子弹爆炸，苏联赫鲁晓夫下台才回到兰州。1978年他从天水750兵工厂调大学任基建指挥部副指挥长。其后调任长沙交通学院基建技术负责人。

楚工土木科21班毕业的杨文均，二十世纪六十年代，参加桥梁钻孔灌注桩研究，属开拓性研究项目，取得突破性进展。其成果在湖南及南方诸省获得广泛应用，解决了用简易设备修建深基础的难题。七十年代后期，从事公路基层材料的开发研究，利用工业废料配制成人工稳定土用作路面基层材料，取得成果后在长沙、株洲等地区的公路工程中应用，显示出良好的技术性能和显著的经济、社会效益。

第十三章　传承接力

楚工的校名成为历史之后，爱国、求知、创业、兴工的楚工精神一直在传承。

1952年，全国工业学校体制调整，湖南工业学校进行改革重组。在调整中，原湖南省立楚怡高级工业学校机械、矿冶、土木三科分别合并组建汉口汽车制造学校、长沙有色金属工业学校、中南建筑工程学校，后分别发展融入华中科技大学、中南大学、武汉理工大学。

1955年，以原湖南省立楚怡高级工业学校部分教职人员为骨干，湖南工业学校重新组建，所开设专业与楚怡高级工业学校几乎一致。

1961年，湖南省农业机械工业学校并入湖南工业学校，组建成为湖南机械工业学校。

1999年，湖南机械工业学校与湖南省机械工业厅职工大学、湖南省机械工业干部中等专业学校合并升格为湖南工业职业技术学院。

2006年，楚怡小学百年校庆，时任国务院总理、湖南私立楚怡工业学校机械科31班学子朱镕基发来贺信深情回忆求学往事，勉励后人："我虽然只在楚怡新化校址就读一个学期，但正逢日本侵略军攻占长沙，面临无家可归之际，国破家亡之感终生难忘。唯愿我之年轻学友发愤自强，刻苦学习，诚信做人，振兴我中华民族，实有厚望。"

2017年6月，时任湖南省委副书记、省长许达哲一行考察楚怡高级工业学校新化旧址，了解学校历史及目前的修缮和保护情况。

2017 年 12 月，楚怡高级工业学校新化旧址正式对外开放。2019 年 2 月，旧址入选第十批省级文物保护单位；2020 年 3 月，被确定为第五批湖南省爱国主义教育基地。

2019 年 11 月 14 日，时任湖南省委副书记、省长许达哲在湖南工业职业技术学院调研时指出，要传承“楚怡”职教历史、弘扬“楚怡”职教传统，用心培育更多适应新时代需要的高素质技能人才。

2020 年 3 月，湖南省教育厅发布《2020 年湖南职业教育与成人教育工作要点》，明确实施职业教育“楚怡”行动计划，支持 1 所高职学院、1 所中职学校挂牌“楚怡”职业学校；研究制定“楚怡”职业教育品牌学校标准，启动首批品牌学校建设。

2020 年 3 月，湖南省教育厅党组书记、厅长，省委教育工委书记蒋昌忠赴楚怡高级工业学校新化旧址，深入了解学校建设发展历程、办学特色与历史影响，并考察新化县职业中专学校。

2020 年 4 月 22 日，新化县职业中专学校更名为新化县楚怡工业学校，并正式挂牌，开启了跨越 70 年的历史传承与接力。

2021 年，湖南提出把“楚怡行动计划”作为职教高地建设的突破口，建成一批“楚怡”高水平院校，建设一批“楚怡”高水平专业群。传承和弘扬“爱国、求知、创业、兴工”的楚怡精神。新时代新起点，湖南职教将服务湖南工业发展，深化复合型技术技能人才培养模式改革，为时代培育德技并修的大国工匠。

2021 年 12 月 10 日上午，全省职业教育大会在长沙召开。省委书记张庆伟，省委副书记、省长毛伟明对职业教育工作作出批示。张庆伟指出，要以部省共建职业教育创新发展高地为契机，大力实施“楚怡行动计划”，加快构建具有湖南特色的现代职业教育体系，深化产教融合、校企合作，推进教育链、人才链与产业链、创新链有效衔接，为全面落实“三高四新”

战略定位和使命任务、全面建设社会主义现代化新湖南提供有力人才支持和技能支撑。

2022 年 4 月，湖南省教育厅、湖南省发展和改革委员会、湖南省财政厅、湖南省人力资源和社会保障厅、湖南省住房和城乡建设厅联合下发《关于实施职业教育“楚怡”行动的通知》（湘教发〔2022〕7 号），明确提出到 2025 年，全省职业教育规模结构更加合理，职业教育类型特色更加鲜明，职业教育发展环境更加优化，“楚怡”职业教育精神进一步彰显，“楚怡”职业教育品牌效应进一步凸显，职业院校（含技工院校，下同）办学能力和贡献力进一步提升，职业教育适应性和吸引力持续增强，基本建成与湖南经济社会发展相匹配、同人民群众期待相契合的湖南特色现代职业教育体系。为此，要传承创新“楚怡”职业教育精神，建设“楚怡”高水平学校，建设“楚怡”高水平专业群，建设“楚怡”产教融合创新平台，培育“楚怡”高水平师资队伍。

2023 年 9 月 6 日，娄底楚怡职业学校揭牌。

“楚怡”职业教育精神经过近年来的弘扬、传承和接力，已逐渐融入湖南职业教育发展的血脉，为湖南经济发展助力。精准对接企业需求，科学规划专业布局，成为湖南一大批特色品牌职业学校的共识。湖南探索了“企业办校”“引企进校”“学校办企”“进企办校”“校企联办”“半工半读”等六种校企合作模式，启动了预备员工制试点项目，探索校企共同招生、共同管理、共同教学、共同考核的“双主体”育人模式。

近年来，围绕打造国家重要先进制造业高地，湖南打造了工程机械、轨道交通、航空航天等 3 个万亿产业集群和 10 多个千亿产业集群。

以楚工为代表的近代职业教育，发祥自时代的召唤，勃兴于国家的进步。伫立新时代潮头，国家产业转型升级、经济高质量发展呼唤职业教育的再次提升，打造一个适应产业和经济发展需要的现代职业教育模式迫在眉睫，要让更多有志青年成长为能工巧匠、大国工匠，要让职业教育真正成为人才成长的摇篮。

一代人有一代人的长征，一代人有一代人的担当。

“楚怡”职业教育精神已在湖南职教人心中历久弥坚。进入新时代，“楚怡”职业教育精神正成为湖南职教人共同的精神底色，引领我们书写湖南职业教育发展的新篇章。

后记：横下心来写纪实

我从小就喜欢看传记，这个习惯到现在都没有改变。只要拿到一本好的传记，我就能很痴迷地看下去，哪怕是在很恶劣的环境里也浑然不觉。而那些写得很一般的传记，我也能看得下去，不过是一目十行地看，看得特别快，就这样也能把书中的精华部分摄取到。

我也很爱看散文和杂文。我爱看的散文不是那种意境宏阔、天马行空、语言优美、寓意深远的散文，相反，我喜欢的是那种语言朴实、感情真切的散文，特别是那种自述性散文，每一个微小的真实细节都能打动我。

总之就是与纪实有关。

相反，我很难进入小说家虚构的艺术情境里，哪怕是一流小说家的写的小说，哪怕小说写得完美无缺，也很少能够让我如痴如醉的，我常常看着看着就睡着了。

毕竟，传记是真实的社会人生，属于原生态，而小说经过了作家的“艺术加工”，带有更多作家个人的主观因素。

有人说，文如其人，这与我为人质朴、憨厚甚至有几分木讷的气质有关。

既然明白自己的意趣所在，我也就不勉强自己追求“更典型”的文学创作，而是横下一条心：既然玩不来虚的，就一心一意玩实的，搞纪实文学创作。

五年前，我历时五年创作的《随园流韵——袁枚传》出版后，可谓好评如潮，作品也一印再印，卖得十分火爆。这是我第一次写人物传记，简直感觉自己是“一步登天”。因为这本书是列入中国作协主持的国家级文化原创工程“中国历史文化名人传记”丛书出版的，属于国家级工程，能够进入这个工程的作者，绝大部分是中国纪实文学的名家大腕或领军人物。我这个名不见经传的作者就这样进入了，而且写成功了。有时，我简直觉得这种感觉来得不真实。我想，这主要缘于我长期阅读传记文学、纪实文学而积累的感觉吧。

《随园流韵——袁枚传》一炮走红之后，我自己似乎明白了：原来传记这样写就可以了。

于是，我“乘胜追击”，写了第二部纪实，这就是《毛板船》。在新化，懂毛板船甚至写过毛板船文章的人如过江之鲫。我觉得这个承载着梅山地区160年经济文化史的历史题材，是一个很好的传记题材。我起初就想给书名取为“毛板船传”，但在新化口音里，“船”和“传”发音类似，连到一起读甚为拗口，便只取三个字，命曰《毛板船》。书出来后，反响甚好，出版社竟在半年之内就印了第二次，印量很大。后来又有一家发行能力很强的文化公司看上《毛板船》的市场，想从出版社购买发行权，扩大发行。几经交涉，没谈成功。这是另话。

此后一段时间，我琢磨了很多的题材，发现以中短篇的形式出现更好，更容易传播。我便写了十几个中短篇的人物传记。几乎是写一篇发一篇，有些在发表时就产生了广泛的影响。今年上半年，我便将其结集出版，这便是中短篇报告文学集《梅山红》。市场反响也不错，首印两万册，现在筹备第二次印刷。

其实在写这些中短篇之前，我就开始着手《东方的曙光——陈润霖与楚怡工业学校》的材料搜集。那是 2019 年 12 月，新化职业中专的校长罗荣到娄底出差，其时我在娄底住家，他约我共进晚餐。他告诉我，学校就要改名为新化县楚怡工业学校了，省教育厅已正式下文。我登时预感到，湖南的职业教育将进入到品牌阶段——楚怡品牌阶段。以楚怡为品牌，湖南的职教便有了历史，有了传承。楚怡，不就是一个很好的长篇传记题材吗？我便开始着手搜集这方面的材料。

经过一段时间的研究，我对陈润霖和楚怡有了较为全面的了解。我开始写出了第一篇文章《东方的曙光——陈润霖与楚怡工业学校》，很快在一本传记类杂志上发表了。

2020 年国庆期间，《湖南工业职业学院学报》向我约一篇关于楚怡的论文。《楚怡工业学校创办者、初期办学思想、办学特色回溯与探析》一文写好后，很快就在该学报发表出来了。“楚怡研究”是该学报新开设的一个专栏，这篇论文是开篇之作。这也是我平生第一次应学报编辑之约写论文。

2022 年，我又写了一篇论文《湖湘文化视域下楚怡职教精神溯源》，也很快在该学报发表了。我在知网上一查，下载次数居然近千。

此外，我还在报纸、网络发表了一些关于楚怡的文章。

慢慢地，我便有了“楚怡专家”的美誉。时任娄底市委书记刘非主持召开的楚怡精神研讨会，点名要我参加并发言；娄底市教育局委托娄底电视台拍楚怡专题片，请我去“指导”；娄底市召开楚怡职教精神研讨会，市教育局分管副局长请我以专家身份提交论文；潇湘职业学院请我做楚怡精神的专题讲座……

研究楚怡，让我与有荣焉。

我也深感责任重大，下决心一定要把楚怡精神的文学读本写好，要让“爱国、求知、创业、兴工”的楚怡精神深入读者的心！

正在这个时候，我接到娄底职业技术学院党委宣传部部长王宗凡的电话，他说学院正在着手建设楚怡文化传承基地，知道我对楚怡文化有研究，想邀请我参与。王宗凡是我的大学校友，也是娄底市民间文艺家协会副主席，我们有着长期的友谊与合作，我便爽快地接受了他的邀请。

来到娄底职业技术学院，与院长张征澜、院党委副书记王健龙及宗凡部长进行了交谈，他们提出了基地建设的初步设想，包括出一本关于楚怡文化的史料集子、做好基地内容的编撰、搞好基地建设的设计等，希望聘请我为学校的客座教授，深度参与其中。张院长也是我的老朋友了，我们两个连续两届任娄底市作家协会副主席，可以说是一个“班子”里的人，心气相投，加上我也正有作相关研究写作的想法，可谓一拍即合，自然是欣然应允。

娄底职业技术学院是湖南省楚怡高水平高职院校，本就有一批教师从事楚怡精神的研究，立项过一批省级课题，已经取得了一些成果，我以“写实”为主，他们以“务虚”为主，互为支撑，相得益彰。根据学校的安排和策划，我便着手做起了相关的事情，提了基地建设的六条建议，做了一个半小时的专题讲座，帮助补充完善了楚怡文化馆的文本草案，但目前最重要的是拿出了《东方的曙光——陈润霖与楚怡工业学校》书稿。这本书汇集了我前期所收集的资料，也借鉴了娄底职业技术学院相关专家的研究成果，学院党政办、宣传部、科研处、教务处、高职研究所等部门的同仁也倾其所有，给予了大力支持。我能在不到8个月的时间完成撰稿，与大家的鼎力相助是分不开的。

本书在出版过程中，得到了中共娄底市委宣传部和娄底市文联的支持，市委宣传部将此书列为重点支持项目。新化县副调研员刘元清同志给予了鼎力支持。新化县楚怡工业学校党总支书记罗荣、校长田申杰，娄底楚怡职业学校原校长李世杰、党委书记袁愈雄、校长刘为对此书的写作和出版给予了关心、关注和大力支持。著名编辑家、第七届鲁迅文学奖获奖作品《乡村国是》的责任编辑——湖南人民出版社编辑周熠老师对本书的撰写提出了很多宝贵的指导性意见。著名评论家、湖南大学教授、博士生导师刘长华先生，著名评论家、湖南大学教授、博士生导师章罗生先生为本书撰写序言或评论，在此一并致谢！

（热忱欢迎广大读者赐教。邮箱：jiewei1963@126.com）